트럼프는 김정은에게 무엇을 원하는가

트럼프 2.0 시대, 한반도 지정학

트럼프는 김정은에게 무엇을 원하는가

김동기 지음

해냄

의문의 평양행 비행기

2018년 3월 30일, 미국 메릴랜드주 앤드루스 공군기지에서 비행기 한 대가 이륙했다. 최종 목적지는 다름 아닌 평양, 탑승자는 미국 중앙정보부CIA 국장 마이크 폼페이오였다. 그는 김정은 국무위원장과 비밀회담을 하기 위해 북한으로 향했다. 도널드 트럼프 대통령과 극소수만이 아는 비밀스러운 비행이었다.

비행기가 평양 순안국제공항에 도착하자 폼페이오는 대기 중이던 검정색 메르세데스벤츠 세단에 몸을 싣고 바로 김정은의 집무실로 향했다. CIA 최고의 한반도 전문가인 앤디 김Andy Kim이 실무자로 동행했다. 폼페이오는 이 역사적 방문을 회고록에 자세히 남겼다.[1]

트럼프 정부는 북핵과 미사일 문제 등을 적극적으로 해결하려

사진 1 2018년 3월, 북한을 방문하여 김정은 국무위원장과 만난 마이크 폼페이오 국장.

했다. 전임 대통령인 버락 오바마는 트럼프에게 정권을 이양하면서 최초의 난관은 북한일 것이라고 경고했다. 그랬기에 트럼프와 폼페이오는 이 문제의 무게를 잘 알고 있었다.

그보다 앞선 2017년 8월, 트럼프는 북한이 미국을 계속 위협할 경우 북한은 일찍이 볼 수 없었던 '화염과 분노'에 직면할 것이라고 엄중히 경고했다. 이에 질세라 북한은 그러면 괌을 공격하겠노라고 엄포를 놓았다. 한 달 후, 트럼프는 UN 총회에서 로켓맨(김정은을 지칭)이 북한 체제와 함께 자살을 도모한다며 맹공을 퍼부었다. 다음 해에 김정은은 북의 핵무기로 미국 어디든 공격할 수 있고 핵무기 버튼은 항상 그의 책상에 놓여 있다고 반격했다. 그러자 트럼프는 자신의 책상에 있는 핵무기 버튼이 훨씬 더 크고 강하다며 응수했다. 이렇게 미국과 북한 사이에 위기가 고조된 상황에서 폼페이오가 핵협상과 트럼프-김정은 회동 가능성을 타진하기 위해 위험을 무릅쓰고 발걸음한 것이다.

폼페이오와 김정은은 첫 대면에서 이런 말들을 주고받았다.

김정은: 국장님, 나는 당신이 직접 오리라고 생각하지 않았습니다.
　　　　나는 당신이 계속해서 나를 죽이려고 한다는 걸 압니다.
폼페이오: 위원장님, 나는 지금도 당신을 죽이려고 합니다.

첫 만남에서 나누기엔 살벌하기 그지없는 농담에 두 나라 간의 팽팽한 긴장감이 고스란히 드러난다.

김정은의 놀라운 중국관

회담은 몇 시간이나 이어졌다. 김정은은 군비에 더 많은 돈을 지출하기보다는 경제 발전과 주민 복지에 집중하고 싶다는 뜻을 밝혔다. 그러면서 트럼프가 어떤 사람인지 매우 궁금해했다. 폼페이오는 트럼프가 북한이 믿을 만한 최초의 미국 대통령이라며 안심시켰다.

폼페이오는 북한이 핵을 포기하면 대규모 투자를 하겠다고 제안했다. 물론 순순히 응할 것으로 생각하진 않았다. 그는 북한이 핵을 포기하는 데 몇 가지 선행 조건이 있다고 봤다. 먼저 핵을 포기한 후에도 북한이 생존할 수 있다고 김정은이 믿게끔 해야 했다. 그런 면에서 핵개발을 시도하다가 비극적 종말을 맞은 이라크의 사담 후세인이나 리비아의 무아마르 카다피의 사례는 걸림돌이 될 수 있었다. 또 김정은을 설득하는 데 성공하더라도 핵보유를 강경히 고수하는 군부를 설득하는 일이 남아 있었다.

그런데 폼페이오가 예상하지 못했던 또 하나의 문제가 있었다. 비핵화를 하게 되면 중국의 위협으로부터 북한을 보호해야 했던 것이다. 과거에 오랫동안 중국의 지배를 받았던 한반도의 역사는 차치하더라도 북한과 중국은 약 1,315킬로미터에 달하는 국경을 맞대고 있었다. 이 주변에 중국은 막강한 병력을 배치해 놓았다.

그들은 중국과 관련해 다음과 같은 대화를 나눴다.

> 폼페이오: 중국은 주한 미군이 철수하면 위원장님이 매우 행복해할 거라고 말합니다
>
> 김정은: (책상을 치고 크게 웃으면서) 중국은 거짓말쟁이입니다. 중국은 한반도를 티베트나 신장처럼 다루기 위해 주한 미군을 철수시킬 필요가 있습니다. 나는 나 자신을 보호하기 위해 주한 미군이 필요합니다.

폼페이오는 긴 세월에 걸쳐 형성된 중국과 한반도의 특수한 관계를 깨닫고, 정책 당국자들에게 미국이 한반도에 미사일을 추가

로 배치하거나 지상 병력을 늘려도 실제로는 북한이 신경 쓰지 않을 것이라고 조언했다. 중국에 대한 김정은의 관점 그리고 한반도와 중국의 역사적 관계에 대한 폼페이오의 인식은 트럼프에게도 전달되었을 것이다. 이는 트럼프의 대북 정책을 이해하는 데 매우 중요하다.

김정은에게 지속적으로 손을 내민 트럼프 1기

폼페이오 방문 이후, 미국과 북한은 대화를 통해 문제를 해결하기로 했고 2018년 6월, 싱가포르에서 트럼프와 김정은이 첫 북미 정상회담을 가졌다. 북한이 정권을 수립한 후 무려 70년 동안 적대와 반목을 거듭하던 양국 정상이 한자리에 앉은 것만으로도 역사적인 사건이었다.

두 정상은 긴 세월 이어진 적대 관계를 청산하겠다고 선언했고 한반도에는 평화의 분위기가 완연해졌다. 1년 전만 해도 미국이 북한을 선제 공격할지도 모른다는 이야기가 공공연하게 거론되며 전쟁 분위기가 고조되었던 것을 떠올리면 이는 큰 진전이었다. 두 정상은 평화와 번영을 바라는 양국 국민의 염원에 따라 관계를 새롭게 수립하고 한반도에 항구적이며 공고한 평화 체제를 구축하기 위해 노력하기로 했다.

트럼프는 이 정상회담은 긴 과정의 일부라고 밝혔다. 비핵화에 대한 구체적 합의는 지속적인 대화를 통해 풀어야 할 과제이며 이

사진 2 2019년 6월 30일, 비무장지대 자유의 집 밖에서 대화를 나누고 있는 도널드 트럼프 대통령(왼쪽), 김정은 국방위원장(가운데), 문재인 대통령(오른쪽).

만남은 그 첫 단추를 꿴 의미 있는 자리였다는 뜻이다.

2019년 2월 27~28일, 베트남 하노이에서 트럼프와 김정은은 두 번째 정상회담을 가졌지만, 기대와는 달리 아무런 합의에 이르지 못하고 회담이 결렬됐다. 그러나 트럼프는 포기하지 않았다. 넉 달 후, G20 오사카 정상회의에 참석한 트럼프는 예정에 없던 회담을 김정은에게 제의했던 것이다. 그 결과 2019년 6월 30일, 비무장지대 남측에서 다시금 정상회담이 열렸다. 트럼프와 김정은의 단독 회담이 한 시간 가까이 이어졌다. 이는 싱가포르와 하노이의 단독 회담보다 긴 것이었다.

회담 후에 김정은과 함께 판문점의 군사분계선을 넘는 장면을 연출하면서 북한 땅을 밟은 최초의 미국 대통령이 된 트럼프는 아

쉽게도 첫 임기 때 북한과 비핵화에 관해 구체적 합의에 이르지는 못했다. 그러나 한미군사훈련은 대폭 축소되었고 북한도 핵·미사일 실험을 중단하면서 한반도의 긴장감이 잠시나마 수그러든 것이 사실이었다.

다시 돌아온 트럼프

2020년 대선에서 트럼프는 민주당 후보 조 바이든에게 패했고, 4년 후의 대선에서 극적으로 다시 당선됐다. 트럼프는 세 번째 대선을 앞둔 2023년 8월 5일, 인플루언서와의 인터뷰에서 "김정은은 절대적인 지도자다. 나는 그와 아주 잘 지냈다"라고 말했다. 대선에서 승리하면 북한과 정상 외교를 재개할 수 있다는 자신감을 내비친 것으로 풀이된다.

같은 날, 김정은은 《조선중앙통신》을 통해 "대화도 대결도, 우리의 선택으로 가능하다"라고 했다. "대화를 하든 대결을 하든, 강력한 군사력은 주권국가로서 한시도 놓치지 말아야 한다"라고도 했다. 겉으로는 대결에 방점을 찍으면서도 속으로는 미국과의 대화가 가능하다는 의지를 내비친 것이다. 트럼프와 김정은이 대화를 암시하면서, 북미 간 대화 재개 가능성은 높아지고 있다.[2]

트럼프는 왜 김정은에 대해 관심을 갖고 그와 대화하려고 할까? 어떤 사람은 트럼프가 노벨상을 받기 위해 그런다고 본다. 트럼프가 이상한 사람이라 이상한 김정은을 좋아하는 것이라고 풀이하는 사람도 있다. 트럼프가 김정은의 독재권력을 부러워해서 그런다고 추측하기도 하고, 트럼프가 경제적 이익을 얻기 위해 김정은에게 접근한다고 보는 사람도 있다.

그러나 이런 해석은 적절치 않다. 트럼프는 개인 대 개인이 아니라 세계 최대 강국인 미국의 대통령으로서 김정은을 대하고 있다. 국가 관계는 사적 감정이나 이해관계를 떠나 국가의 이익을 바탕으로 한다.

국제정치는 미래를 예측하는 데 필요한 정보가 부족한 만큼 매우 불확실하다. 현대 국가는 이런 불확실성에 직면해 나름의 합리적 이론을 바탕으로 핵심 관계자들이 충분한 논의를 거쳐 주어진 상황에서 최선의 정책을 결정한다.[3] 트럼프도 미국의 이익을 추구하기 위해 북한과의 관계를 개선하려 한다는 점은 분명하다. 그렇다면 트럼프와 그의 참모들이 추구하는 목표는 무엇일까. 그것을 파악해야 북한과의 관계를 알 수 있다. 이를 위해 다음 세 가지 질문이 유용할 것이다.

첫째, 트럼프는 북한의 비핵화를 이루기 위해 북한에 우호적으로 접근하고 있는 것인가? 즉, 핵확산금지조약NPT 체제를 사수하여 핵의 확산을 저지하려고 하는가?

현재 핵을 보유한 국가들은 이 조약이 체결되기 전에 개발했거나 이 조약에 가입하지 않고 개발했다. 북한만이 이 조약에 가입했다가 탈퇴해 핵을 개발한 국가다. 트럼프가 핵확산 방지를 위해 북한의 비핵화를 시도할 수는 있으나 이를 위해 굳이 우호적으로 접근해야 할까. 종전처럼 제재와 압박을 가하는 방법도 있다.

둘째, 그렇다면 트럼프는 미국에 대한 핵위협을 제거하려는 것일까? 인도, 파키스탄, 이스라엘은 핵을 보유하고 있지만 미국에 위협적이지 않다. 미국과 적대적인 관계가 아니기 때문이다.

북한도 미국과 우호적인 관계를 맺는다면 핵위협은 사라질 것이다. 혹은 미국으로 핵무기를 투발投發할 수단을 없애거나 일부 핵무기를 폐기할 수도 있고, 북한의 핵이 다른 지역으로 확산하지 않도록 합의하는 방안도 검토해 볼 수 있다. 트럼프에게 중요한 건 미국의 안전이므로 이 정도로도 충분할 수 있다.

셋째, 미국은 북한과의 관계를 개선해 전략적으로 다른 이익을 얻으려는 것은 아닐까? 미국은 현재 중국을 가장 큰 경쟁 상대로 여기고 있다. 즉, 중국을 견제하고 약화시키는 것은 미국의 전략 목표에 부합한다.

중국과 국경을 맞댄 북한이 미국과 우호적 관계를 맺고 중국을 견제한다면 미국에는 이익이 된다. 북한과 중국 사이에 갈등의 골이 깊어서 북한도 중국을 견제하려 한다면 미국으로서는 북한을 자기 편으로 끌어들이는 게 전략적으로 유리하다. 앞서 김정은이 폼페이오에게 한 말은 이런 가능성을 뒷받침한다. 그렇다면 우리는 북한의 핵위협보다 더 넓은 관점에서 미국과 북한의 관계를 바라볼 필요가 있다.

이 책에서는 미국과 중국의 관계가 어떻게 바뀌었는지, 양국의 경쟁 관계가 얼마나 심각한지 살펴볼 것이다. 그리고 북한과 중국의 관계를 들여다본다. 그 균열이 있어야 미국이 북한을 활용할 수 있기 때문이다. 이를 바탕으로 북한과 미국의 관계를 확인한다. 트럼프 정부가 북한에 접근하는 이유가 무엇인지 미국의 속내를 파헤칠 것이다. 마지막으로 이처럼 북한에 접근하는 미국의 움직임이 한국을 비롯한 주변 국가에 어떠한 영향을 끼치는지 알아보고, 우리는 이에 어떻게 대응해야 할지 논할 것이다.

2025년 2월

김동기

차례

2장

북한과 중국
혈맹과 숙적을 오가다

3장

북한과 미국

서로의 쓸모를 발견하다

4장

한국

미·중·북 사이에서 활로를 모색하다

1장

미국과 중국

세계 패권 경쟁의
라이벌이 되다

중국과 새로운 역사를 시작한
닉슨 정부

미국과 중국의 데탕트

1972년 2월 21일, 리처드 닉슨 대통령 일행을 태운 전용기가 중국 베이징공항에 도착했다. 세계사를 바꾼 일주일의 방중 일정이 시작된 것이다.

그러나 현장 분위기는 싸늘했다. 공항에서는 저우언라이 총리가 환영 인사를 건네고 의장대가 간단히 의전행사를 치렀을 뿐이었다. 베이징 댜오위타이 국빈관으로 닉슨의 차량 행렬이 지나갈 때도 톈안먼 광장과 베이징 거리는 썰렁했다. 미국과의 관계 개선을 반대하는 중국 내 세력을 의식한 탓이었다. 건강이 좋지 않았지만 기꺼이 닉슨을 만난 마오쩌둥은 장제스는 닉슨의 중국 방문을 원하지 않았을 것이라고 말했다.

사진 3 1972년 방중 당시 만난 리처드 닉슨 대통령과 마오쩌둥 주석.

역대 미국 정부와 달리, 중국과 전격적으로 새로운 관계를 맺으려 한 닉슨 대통령의 방문은 미중 관계, 나아가 세계사에서 중대한 분기점이 됐다.

닉슨이 중국과 새로운 관계를 맺은 이유

사실 중국은 건국 이래 미국과 사이가 좋지 않았다. 1949년, 국민당과의 내전에서 이긴 공산당이 세운 중화인민공화국은 미국과 국교를 맺지 못했고, 이듬해에는 한국전쟁에 참여해 미국에 맞섰다. 냉전 중에 중국은 소련을 중심으로 한 공산 진영에 속했기에 미국과 대립할 수밖에 없었다. 심지어 미국은 소련보다 중국을 더 큰 위협으로 인식했다. 1964년 중국의 1차 핵실험을 앞두고 린든 존슨Lyndon Johnson 정부는 중국에 대한 선제 공격을 검토한 적도 있었다. 미국은 장제스가 이끄는 대만이 다시 중국 대륙을 수복할 것이라는 전제하에 중국에 대한 외교 전략을 전개해 왔다.

닉슨은 원래 공화당 보수파의 리더로 1940년대 후반에는 중국을 소련의 도구라고 할 정도로 강성 반공주의자였다. 그랬던 그가 입장을 바꾸어 1967년 가을,《포린 어페어스Foreign Affairs》에 실은 글에서 현실적으로 중국을 무시할 수도, 고립시킬 수도 없으므로 외교적 관계를 맺어야 한다고 주장했다. 대만이 중국 대륙을 수복하는 일은 현실적으로 불가능함을 인정한 것이다. 오히려 민주당보다 한발 앞서 새롭게 중국과 관계를 맺으면 그것이 자신의 정치적 업적이 되리라는 게 그의 계산이었다.

당시 가장 큰 골칫거리는 베트남 전쟁이었다. 미군 사망자가 1968년 한 해에만 거의 1만 5,000명에 달하고 미국 내에서 반전 여론이 높아지자, 닉슨은 1968년 말에 치러진 대선에서 종전을 공약으로 내걸었다. 그리고 이듬해 취임하여 아시아 국가들의 분쟁에 대한 비개입을 골자로 하는 '닉슨 독트린'을 새로운 안보·외교 전략으로 내세우며 미군의 철수 계획을 발표했다.

그러나 평화로운 종전으로 향하는 길은 요원했다. 이런 상황을 돌파하기 위해서는 유연한 사고와 전략적 상상력이 필요했다. 결국 닉슨은 북베트남의 우방인 중국이 도와준다면 베트남 전쟁을 끝낼 수 있을지도 모른다는 생각에 이르렀고, 그때부터 중국과의 관계를 새롭게 구상하기 시작한 것이다. 1969년 2월, 닉슨은 국가안보보좌관 헨리 키신저에게 중국과 관계를 개선할 방법을 찾아보라고 지시했다.[1]

닉슨이 중국에 접근한 데는 정치적 동기도 크게 작용했다. 그가 가장 두려워하던 정치 라이벌인 민주당 상원의원 에드워드 케네디가 중국을 UN에 가입시키고 미군을 대만에서 철수시키자는 주장을 들고 나선 것이었다. 닉슨은 그에게 외교적 업적을 안겨주고 싶지 않았다.

1969년 3월, 우수리강 주변에서 소련과 중국의 무력 충돌이 이어지자 키신저는 소련이 중국을 침공할 것을 우려했다. 사회주의 이념을 공유한다던 소련과 중국은 국가의 생존과 이익을 우선하며 등을 돌렸다. 닉슨 정부는 중국에 대한 소련의 군사행동에 반대한다는 입장을 표명했다. 미국이 최초로 중국 편에 서서 소련과 대립한 것이다. 이는 미국이 중국에 접근하는 단초가 되었다.

키신저는 국무부를 배제하고 주도적으로 중국에 접근해 파키스탄과 루마니아에 있는 CIA 지부를 통해 중국과의 대화 채널을 확보했다. 1969년 9월, 닉슨은 폴란드에 주재하는 중국 대사를 통해 중국과의 회담 가능성을 타진하라고 폴란드에 주재하는 미국 대사에게 지시했다.

1970년 10월, 닉슨은 UN 총회 참석차 미국을 방문한 파키스탄 대통령 야히아 칸Yahya Khan에게 중국과의 대화를 주선해 줄 것을 요구한다. 야히아 칸은 곧바로 저우언라이에게 소련과 연합하지 않을 것이라는 닉슨의 뜻을 전달한다. 저우언라이는 긍정적으로 답변한다. 12월 9일, 주미 파키스탄 대사가 저우언라이의 서신을 미국에 전달했고, 다음 달에는 루마니아를 통해 닉슨의 방중을 환영한다는 메시지가 전달됐다. 1971년 4월, 중국은 미국의 탁구 팀을 초청해 핑퐁외교를 펼치면서 미국에 개방 의지를 보였다.

드디어 1971년 4월 말, 중국은 미국이 특사를 파견하는 데 동의했다. 특사가 된 키신저는 닉슨에게 중국과의 관계 개선이 냉전 이후 미국의 최대 분수령이라고 말했다. 1971년 7월 9일, 베이징에 도착한 키신저는 이틀간 저우언라이와 회담하면서 미국은 대만 독립을 지지하지 않겠다고 했다. 이는 미국 국무부의 공식적인 입장과는 반대되는 것이었다. 그렇지만 키신저의 이 발언 덕에 회담은 순조롭게 진행됐다.

가장 중요한 문제는 베트남 전쟁이었다. 키신저는 베트남 전쟁 종전을 중국이 지원해 주기를 바랐다. 그래야 남베트남 정부가 어느 정도 권력을 유지할 수 있었기 때문이다. 하지만 저우언라이는 베트남 전쟁에 관여하기는 곤란하다는 입장이었다. 미국은 아이젠하워 대통령 시절부터 남베트남이 몰락하면 동남아시아에 공산주의가 확산되지 않을까 우려했다. 그런데 중국과의 대화를 통해 이런 걱정을 덜었다. 한편 중국은 대만의 장제스가 미국의 지원하에 중국을 공격할까 봐 지난 20년간 노심초사했지만, 키신저의 방문으로 그런 불안도 잠재울 수 있었다.

이 회담의 또 다른 중심 의제는 소련이었다. 중국은 소련의 공격을 방어해야 했다. 미국은 중국과 대화함으로써 소련이 공산주의 진영의 대표가 아니라는 걸 보여주고자 했다. 소련과 중국을 갈라치기한 것이다. 중국과 화해하면 소련은 더 불안해질 것이고, 결국 소련이 미국과 데탕트, 즉 긴장 완화 정책을 펼 수밖에 없을 것이라고 기대했다.

키신저는 저우언라이에게 미국이 소련 등 사회주의 국가를 대상으로 벌이는 외교 활동 중 중국의 이익에 관련될 만한 사항을 알려주겠다고 약속했다. 나아가 소련군의 배치 정보도 제공하겠다고 했다. 중국은 만족했고, 키신저는 중국이 닉슨의 방중을 환영한다는 뜻까지 확인했다.

미국과 중국이 얻은 것

키신저의 사전 준비 후 이뤄진 중국 방문은 닉슨에게 큰 정치적 선물이었다. 국내의 여론도 우호적이었다. 닉슨은 '하나의 중국'이라는 원칙을 인정했다. 즉, 대만을 중국의 일부로 여겨 대만의 독립을 지지하지 않겠다고 선언한 것이다. 이는 향후 미국 외교의 방향을 결정한다.

1971년 10월, 중국이 미국의 지원으로 UN에 가입하자 대만은 축출된다. 한편 중국이 닉슨과의 정상회담에서 대만에 주둔한 미군의 철수를 요구하자, 미국은 베트남 전쟁이 끝나면 철수하겠다고 했다. 그러자 중국은 무역을 무기로 삼았다. 공동성명에 중국과의 무역 확대를 포함시키고 싶어 하는 미국의 속내를 알고 대만 문제에 관한 합의 없이는 이를 약속할 수 없다는 태도를 취한 것이다. 결국 미국은 긴장이 완화되면 점진적으로 미군을 철수하겠다며 한발 물러섰다. 중국은 원하는 바를 얻었다.

닉슨은 저우언라이에게 소련의 팽창을 억제해 세력 균형을 유지하겠다며 소련의 중국 침공을 방관하지 않겠다는 의사를 표명했다. 소련의 위협에 전전긍긍하던 중국으로서는 큰 위안이었다. 또 중국과 하지 않는 거래는 소련과도 하지 않고, 소련과의 모든 거래는 중국에 알려줄 것을 약속했다. 나중에 닉슨은 소련과의 군축협정 체결을 중국에 미리 귀띔해 주기도 했다.

일본도 주요 의제였다. 미국의 정책은 일본에 미군 기지와 병력을 유지해 핵우산을 제공하는 것이었다. 베트남에서 미군을 철수하면 주일 미군은 아시아에서 핵심적인 군사력이 될 터였다. 그런데 중국은 20년 넘게 주일 미군의 철수를 주장하고 있었다. 일본이 경제력을 바탕으로 군사력을 더 강화할 것을 우려한 것이다.

미국은 이 점을 간파했기에 일본을 보호하는 동시에 일본이 군사력을 강화해 아시아에서 정치적 영향력을 확대하지 않도록 하겠다고 중국 측에 약속했다. 미국이 일본을 제어하지 않으면 일본은 다시 한국과 대만 등에 과거처럼 영향력을 확대할 수도 있었고, 이는 중국의 이익에도 반하는 것이었기 때문이다. 닉슨은 중국이 주일 미군을 반대하면 일본이 핵무장에 나설지도 모른다고 경고했고, 결국 중국은 이 문제에서는 고집을 꺾었다.

사실 닉슨이 원하는 것은 베트남 전쟁의 종결이었다. 닉슨이 저우언라이와의 회담을 준비하기 위해 작성한 메모에는 중국이 평화로운 종전을 도와주면 대만 문제는 양보할 것이라고 적혀 있었다.[2] 하지만 이 문제에 관해 닉슨은 얻은 게 없었다. 중국은 종전에 협력할 의사도, 능력도 없었다. 미국은 북베트남 측과 접촉하게 해달라고 중국에 요구했지만 중국은 이를 거절했다. 대신 중국은 베트남에 파병하지 않겠다는 뜻을 분명히 했다. 문화대혁명이 일어나고 있던 중이라 참전하기도 힘들었다.

이로써 미국은 중국이 베트남 전쟁에 참전할 의사가 없음을 확인했고, 부담 없이 공격을 감행했다. 1972년 4월, 남베트남민족해방전선이 각지에서 대규모 봉기를 일으키자 닉슨은 1972년 4~5월에 전쟁을 더욱 확대했다. 미국은 북베트남의 모든 항만에 기뢰를 부설하고 하노이와 하이퐁에 대규모 폭격을 가하는 등 북베트남에 대한 공세를 더욱 강화했다. 정전 협상을 이끌어내기 위해서였다. 마침내 1973년 1월 27일, 베트남 전쟁은 종결되었고 파리에서 평화협정이 체결됐다. 결과적으로 미국이 베트남 전쟁의 수렁에서 빠져나오는 데 중국과의 관계 개선이 다소 도움이 된 셈이었다.

미중 관계의 변화는 아시아에서 중국 공산당의 팽창을 막는 효과가 있었다. 미국과의 관계가 달라진 후, 실제로 중국은 말레이시아와 인도네시아 등 동남아시아 국가의 공산주의 혁명을 지원하는 데 소극적으로 바뀌었다. 이는 미국이 베트남 전쟁에서 물러난 후 동남아시아에 미칠 부정적 효과를 줄여주었다.

그런가 하면 중국의 국제적 위상은 높아졌다. 중국 공산당 정권은 국제적으로 인정받았고, 장제스의 패배는 돌이킬 수 없는 일이 되었다. 일본은 닉슨이 중국을 방문하자 커다란 충격을 받았지만 재빠르게 움직였다. 1972년 9월 25일, 다나카 가쿠에이 일본 총리가 중국을 방문해 국교를 맺고 대만과 단교했다.

닉슨은 재임하는 동안 중국과 공식적으로 수교를 맺으려 했지만, 워터게이트 사건으로 1974년에 사임하는 바람에 그 뜻을 이루지 못했다. 그래도 닉슨 정부의 중국 외교는 이후 미국의 외교 전략에 중대한 영향을 끼쳤다. 중국과 긴밀한 관계를 맺은 것이 소련과의 냉전에도 도움이 됐음은 물론이다. 미중은 동아시아 분쟁을 해결하는 데도 협력하기 시작한다.

양국의 암묵적인 동맹관계

흔히 냉전은 공산주의와 벌인 십자군 전쟁이라고 한다. 그러나 중국과 관계를 개선하는 과정에서 미국은 근본적 질문, 즉 냉전의 이유를 되짚었다. 냉전은 공산주의에 맞서 싸운 이념 전쟁인가, 아니면 소련의 유라시아 지배를 저지하기 위한 지정학적 갈등일 뿐인가? 닉슨은 이념보다는 대국의 지도자라는 위상을 중시했고 키신저는 이념보다 지정학적 이익과 세력 균형을 더 중대시했으며 미국 군부는 소련에 대항하기 위해 중국의 협력이 필요하다는 사실을 중시했다.

이러한 인식에 따라 1972년 닉슨의 중국 방문 후, 냉전은 공산주의에 대한 투쟁이 아니라 소련에 대한 투쟁으로 슬그머니 재정의됐다. 다만, 이런 전략적 설명은 평범한 미국인들을 설득하는 데는 한계가 있었기에 공산주의에 대항한다는 이념적 설명이 더 강조됐던 것이다.

처음에 닉슨과 키신저는 중국과의 관계 개선을 통해 소련을 데탕트로 유도하려 했다. 소련 및 중국과 더 나은 관계를 맺는 게 목표였던 것이다. 그러나 1973~1976년의 교류를 거치면서 미국과 중국은 소련에 대항하는 강력한 파트너십을 형성했고, 미국이 중국에 군사 기술을 제공하는 등 중국 군사력을 현대화해 소련에 대항하게 한다는 '중국 카드'가 굳어졌다. 양국은 군사 및 정보 분야에서 긴밀히 협력하게 됐다. 이러한 변화가 미국과 중국 관계의 방향을 결정했고, 미국과 중국은 암묵적 동맹이 됐다. 미국인들과 세계에 공개적으로 그 사실을 밝히지 않았을 뿐이다.

닉슨이 사임한 후 부통령이던 제럴드 포드Gerald Ford가 대통령직을 승계했지만, 그도 대중국 정책을 바꿀 생각이 없었고 키신저에게 외교를 맡겼다. 중국과의 공식 수교는 신속히 이뤄지지 않았지만, 그 대신 미국은 중국에 군사, 정보, 기술 분야의 협력을 제안했다. 포드는 영국이 군사 기술을 중국에 판매하도록 주선했다.

그러던 1976년, 마오쩌둥과 저우언라이가 사망하고 장칭江靑 등 4인방이 퇴출되면서 덩샤오핑이 실권자로 등장했다. 그는 서방 기술과 지식의 도움을 받아 중국을 현대화하고 싶어 했다. 마오쩌둥이 죽은 다음에야 포드 정부는 최초로 군사용으로도 쓰일 수 있는 미국 컴퓨터 두 대를 중국에 판매하도록 승인했다. 이는 미국과의 강한 유대를 통해 중국을 현대화하자는 중국 내 그룹을 돕기 위한 것이었다. 키신저는 1976년 대선에서 포드가 패배하자 공직을 떠났지만, 1990년대까지 미국의 중국 외교에 영향을 미쳤다.

반소련 연대에 집중한 카터 정부

1977년에 출범한 지미 카터 정부는 국방부와 CIA에 소련에 대항하는 데 중국의 도움이 필요하다고 생각하는 사람이 많았다. 중국을 포용하자는 미국 관료들의 태도는 당시 더욱 심각해진 소련과의 냉전에도 영향을 받았는데, 카터도 이런 상황을 근본적으로 바꾸기 어려웠다.

카터는 임기 초반에는 국무부 장관 사이러스 밴스Cyrus R. Vance의 의견을 따르다가, 시간이 지나면서 국가안보보좌관 즈비그뉴 브레진스키Zbigniew K. Brzezinski에게 동조했다. 브레진스키는 반소련의 관점에서 중국 문제를 바라봤다. 그와 밴스는 소련과 중국에 대한 관점이 달랐다. 브레진스키는 소련에 대해 아주 강경했고 소련 견제를 위한 중국의 전략적 가치를 긍정했지만, 밴스는 그런 견해와

거리가 멀었다. 브레진스키는 키신저처럼 중국 외교를 비밀리에 개인적으로 전개했다. 국무부와의 갈등은 피할 수 없었다.

1978년 5월, 브레진스키는 중국에 방문해 국교정상화의 기틀을 마련했다. 이때 그는 덩샤오핑에게 근대화되고 소련으로부터 위협받지 않는 강한 중국이야말로 미국에 이익이라며 국방부 관계자를 대동해 중소 국경 부근의 소련군 배치 상황에 대한 상세한 정보를 중국에 제공했다. 과학 기술 교환과 소련에 관한 공동 정보 획득 활동에 대해서도 의논했다.

브레진스키는 1972년 닉슨이 저우언라이에게 밝혔던 대만에 관한 원칙을 재확인하면서, 대만에 주재한 미국 정부 관료도 철수시키겠다고 했다. 이처럼 그는 미국이 중국과 공식적으로 수교할 의사가 있음을 명백히 하면서도 몇 가지는 단호히 주장했는데, 대만에 대한 무력 사용을 중지하라고 중국에 요구했고 대만에 계속 무기를 판매하겠다는 뜻을 밝힌 것이다.

미국은 중국과 수교를 서둘렀다. 수교를 추진하는 비밀이 새어나가면 친대만파 의원들의 반대가 거세질 것이 우려됐다. 1978년 12월 15일, 카터는 1979년 1월 1일부터 중국과의 관계를 공식적으로 정상화하기로 했다고 발표했다. 그러자 미국 의회는 대만에 대한 무기 판매를 포함한「대만관계법Taiwan Relations Act」을 제정해 미중 관계 정상화에 따른 대만 안보 불안에 대처하고자 했다.

한편 중국은 미국이 베트남과의 관계 정상화를 검토하자 이에 반대했다. 베트남이 소련의 위성국이며 소련이 군 기지를 베트남에 건설하려 한다는 것이 그 이유였다. 베트남 전쟁 후 중국과 관계가 악화되자 베트남은 중국인을 추방했고, 중국이 캄보디아의 크메르루주Khmer Rouge 정권을 지지하자 대립했다. 당시 중국은 베트남 공격을 비밀리에 준비하고 있었고, 그 전에 미중 관계를 굳건히 하려 했다. 브레진스키는 중국의 의견을 수용했다. 중국과 반소련 연대를 맺기 위해 베트남과의 관계 정상화를 유보한 것이다. 결국 베트남은 소련과 동맹이 됐다.

덩샤오핑의 미국 방문, 전 방위로 뻗어가는 협력

1979년 1월 28일부터 2월 5일에 덩샤오핑이 미국을 방문했다. 이때 미국은 소련에 대한 군사 정보를 얻기 위한 기지를 중국 서부에 설치하기로 협의함으로써 이란혁명으로 인해 상실한 이란 기지를 대체할 수 있게 됐다. 이렇듯 미국과 중국의 정보 기관과 관료 조직의 협력이 강화됐다.

반면 덩샤오핑은 베트남 공격에 대해 미국의 승인을 얻으려 했다. 베트남은 1978년 말 캄보디아를 침공해 중국이 지원하던 크메르루주 정권을 전복했다. 중국은 베트남을 위협하기 위해 침공하지만 몇 주 후에는 철수할 계획이었다. 카터는 과도한 공격은 하지 말라면서 사실상 베트남 침공을 승인했다.

1979년 2월 17일, 중국은 베트남을 침공했다. 하지만 구식 무기와 비효율적 군수 보급으로 인해 중국 측의 사상자만 약 2만 명에

사진 4 1979년 1월 29일, 백악관 밖에 서 있는 지미 카터 대통령과 덩샤오핑 총리.

이르러 사실상 실패에 가까웠다. 결국 중국은 3월 5일 철수했다.

이 당시 미국과 중국의 관계는 반소련 연대의 성격이 강했다. 미국은 중국의 국토 크기, 전략적 위치, 인구, 군사 등이 도움이 된다고 판단했다.

미국은 소련군의 동향을 알 수 있는 위성 정보를 중국에 제공하기도 했다. 카터와 브레진스키는 중국을 전략적 군사 파트너로 인식했던 것이다.[3] 미국 정부는 중국이 유럽 국가의 무기와 기술을 취득하도록 허용했고, 중국은 선진 무기를 구입했다. 그때까지 중국은 1950년대 소련에서 취득한 낡은 군사 기술을 사용하고 있었기에 이는 큰 도움이 되었다.

1979년 12월, 소련이 아프가니스탄을 침공하면서 미국과의 갈등은 더 심해졌다. 브레진스키는 이를 핑계로 중국과의 긴밀한 군사 관계를 정당화했다. 1980년에는 미국 국방부 장관이 중국을 방문하고 미국 관료 및 전문가 들이 중국 군사 시설을 탐방했다. 양국 간 군사 협력 논의 결과, 미국은 중국에 군사 장비를 판매하기로 하며 중국은 간절히 원했던 첨단 군사 장비를 얻었다.

카터 정부는 소련에 대한 대항이라는 전략적 기반이 무너지면 미중 관계가 어떻게 될지에 대해 고민하지 않았다. 또한 카터는 이념보다 인권 외교를 중시했지만, 언론의 자유, 거주이전의 자유 등이 제한되는 중국의 인권 문제에는 애써 눈을 감았다. 소련의 반체제 인사들은 적극 지원하면서도, 중국의 반체제 인사는 거들떠보지도 않는 식이었다. 소련을 견제한다는 지정학적 목적에만 집중했던 것이다.

카터 정부는 중국 학생들의 미국 유학을 허용하고 이들에게 장학금을 지급했다. 학생들은 주로 과학기술 분야를 배웠다. 중국 과학기술의 기초 육성을 미국이 지원한 셈이다. 또 카터 정부는 중국을 무역 최혜국으로 대우하기로 하여 중국 경제가 세계로 향하는 데 중요한 디딤돌을 마련해 준다. 미국 수출입은행의 금융 서비스를 이용하고 수출 통제를 완화하는 혜택도 중국에 제공했다.

전 분야 협력을 증대한 레이건 정부

엇갈린 관점들

1980년 대선에서 공화당의 로널드 레이건이 승리를 거뒀다. 과거에 그는 대만을 지지하며 중국과의 국교 정상화에 반대하던 인물이었다. 대통령이 되면 대만과 공식적으로 수교하겠다고도 했다. 하지만 레이건은 선거운동에 돌입하자 참모들의 조언을 받아들였고, 카터 정부가 중국에 약속한 사항을 수용하고 유지하겠다고 했다. 결국 선거 기간 중 대만은 별로 언급되지 않았다.

취임 후 레이건은 대만에 대한 무기 판매 종료 시점을 명확히 해달라는 중국의 요구를 거부하는 대신, 1982년에 무기 판매액을 제한하겠다고 약속했다. 이러한 기조 탓에 레이건 정부는 첫 2년간 중국과의 관계가 순조롭지 않았다.

한편, 국무부의 사정은 달랐다. 레이건 정부의 초대 국무부 장관인 알렉산더 헤이그Alexander Haig는 미국에 전략적으로 가장 중요한 나라가 중국이라고 보았고, 이 점에서 레이건과는 생각이 달랐다. 이는 나중에 헤이그가 자리에서 물러나는 주된 이유가 된다.

국무부의 젊은 관료 폴 월포위츠Paul Wofowitz는 브레진스키 등과 달리 중국이 소련 문제를 다루는 데 큰 도움이 되지 않는다고 생각했다. 중국은 한국이나 인도네시아 같은 동아시아 문제에는 중요하지만 소련의 행태를 바꾸는 데는 그다지 쓸모가 없다는 판단이었다. 그는 키신저 때문에 중국의 전략적 중요성이 과대평가된 것으로 보았다. 그가 생각하기에 미국이 중국을 필요로 하는 것보다 중국이 미국을 필요로 하는 정도가 더 컸다. 헤이그의 후임 국무부 장관으로 온 조지 슐츠George Shultz는 월포위츠를 동아시아 담당 차관보로 임명했다.

1983년 초, 슐츠와 월포위츠는 동아시아 정책 방향을 수정하면서 중국이 아닌 일본을 미국의 주된 파트너로 보았다. 이처럼 미국은 경제적으로 성장하는 아시아 국가들에 주목하고 이들을 중시하기 시작했지만, 이런 전환도 한계가 있었다.

서로 도운 미국과 중국

레이건 정부 초기에 잠시 소원해졌던 미국과 중국은 1983년부터 다시 관계를 돈독히 했다. 대만 문제에 대한 의견 차이는 있었지만, 서로 주고받을 게 많다고 여겼다. 두 나라 모두 소련의 군사력을 두려워하고, 아시아에서 소련의 팽창을 경계했다. 중국은 미국의 기술이 필요했고, 미국은 중국 시장에 관심을 갖기 시작했다.

중국은 미국에 무조건적인 양보를 요구하는 대신, 비즈니스 관점에서 접근했다. 우선, 미국은 중국을 소련 견제의 파트너로 여기고 있었다. 따라서 중국은 이 부분에 대해 협력했다. 소련의 아프가니스탄 침공 후 미국은 파키스탄과 협력해 저항조직인 무자헤딘에 군사 지원을 했는데 이때부터 양국의 정보 기관도 협력하기 시작했고, 중국은 비밀공작에도 참여했다.

중국은 소련이 아프가니스탄의 수렁에 빠져 허우적대길 바랐기에, 무기 운송용 노새와 총기 등을 제공했다. 실제 아프가니스탄은 1983년에 무기 1만 톤, 1987년에는 6만 5,000톤을 지원받았는데, 대부분이 중국제였다. 이는 미국이 중국으로부터 구매하여 공급한 것이었다. 이 같은 중국과의 협력을 통해 미국은 소련이 아시아에서 팽창하는 것을 막을 수 있었다.

반면, 중국이 미국에 원하는 것은 기술이었다. 덩샤오핑은 미국과 서방에서 기술, 전문지식을 습득해야 한다고 강조했다. 많은 중국 유학생들이 미국으로 몰려왔고, 미국 정부는 농업에서 증권 분야에 이르기까지 여러 분야의 지식과 정보를 중국에 제공했다.

이 같은 토대 위에 미국은 1983~1988년에 중국과 광범위한 관계를 맺었다. 과거에는 고위층끼리만 교류했다면, 1980년대 초 이후로는 실무적·전문적 교류가 깊어졌다. 군부 및 정보 기관이 교류를 하거나 군수업체에서 무기를 사고팔고 미국 군함이 중국에 기항하는 등 이전보다 관계의 폭이 넓어졌다.

1984년 레이건 정부는 대외 무기 판매 프로그램에 중국을 적격국가로 인정했다. 이로써 중국은 미국 정부로부터 무기를 직접 구매할 수 있게 되었고, 구매 자금에 대한 금융 지원도 미국 정부로부터 받았다. 이후 5년간 중국은 다양한 무기를 미국에서 구입했다. 군부의 교류도 늘었는데, 1989년 톈안먼 사건 전까지 군사 관계의 60~70퍼센트는 무기 판매였다.[4]

1983년부터 미국은 중국에 대한 첨단기술 수출 통제를 완화했고, 유럽 및 아시아 국가와 동등하게 대했다. 중국에 대해 미국 기업은 1982년에는 약 5억 달러의 수출 허가를 받는 데 그쳤는데 1985년에는 50억 달러로 대폭 증가했다.[5] 1980년대의 중국은 미국과 이 같은 교류를 함으로써 서구의 기술과 경제를 배우고 따라잡을 수 있는 기초를 다졌다.

역사적 순간, 레이건의 중국 방문

1984년 레이건이 중국을 방문했다. 강경한 반공주의자이자 대만에 우호적인 레이건의 방중은 중국 공산당 정부의 정통성을 인정하는 셈이었다. 레이건이 방중한 후 대만도 현실을 받아들였다. 미국의 지원에 한계가 있음을 알아챈 것이다. 결국 1980년대 후반, 대만은 중국 대륙을 수복하겠다는 입장을 버렸고, 국민당은

권위주의적 지배를 종식하며 민주적 체제로 이전했다.

레이건은 중국 방문 직후 기자회견에서 중국을 "소위 공산주의 국가"라고 지칭했다. 중국에 외국인 투자가 허용되는 등 개혁이 진행되는 사실을 받아들이며 중국의 정치 시스템이 변했다는 인식을 드러낸 것이었다.

레이건은 과거에 키신저의 현실주의 정치에 반감을 드러냈다. 그런 점을 감안해서 보면 닉슨이 공산주의 정권인 중국과 관계한다는 사실을 인정한 데 반해, 레이건은 인정하고 싶지 않았던 것 같다. 그에게는 중국과의 관계에 도덕적 정당성이 필요했다. 그래서 중국이 더 이상 공산주의 국가가 아니라고 합리화한 것이다. 그러나 이 착각은 오래가지 않았다.

한편 중국의 또 다른 문제가 미국의 고민거리로 등장했다. 1980년대에 들어오자 중국이 해외에 저가 무기를 공급하기 시작한 것이다. 이란, 이라크 등 중동 국가들이 주 구매국이었다. 1987년 후반에 중국이 이란 등에 미사일까지 판매하자, 미국 국방부 내에서는 중국과의 관계를 회의적으로 보는 목소리가 커졌다. 이후에도 계속된 미사일 판매 문제는 미중 관계에 균열을 가져오는 단초가 되었다.

국제정세의 격랑에 요동친
부시 정부

톈안먼 사건 이후 미국의 대응

닉슨 재임 시절, 조지 H. W. 부시는 UN 대사로서 UN에서 대만의 자리를 지키려고 노력했다. 1974년 9월에는 제2대 미국 국무부 베이징 연락사무소장으로 임명돼 1975년 12월까지 재직하기도 했다. 그는 누구보다 중국을 잘 알았고 중국에도 두터운 인맥을 갖고 있었다. 부시는 1978년에 카터의 중국 수교를 비판했는데, 1980년에 레이건이 미중 관계를 수교 이전으로 돌려놓겠다고 하자 그 역시 반대했다. 일단 외교 관계가 수립된 이상 관계를 유지해야 한다는 게 그의 입장이었다.

1988년, 부시는 대선에서 당선되었고 중국과 관계를 유지하려고 했다. 문제는 중국이 변하기 시작한 것이다. 갑자기 시장가격제를 도입하고 국영기업 근로자의 사회복지를 축소해 서민들의 고통이 커졌다. 엄청난 물가 상승과 분배 및 사회적 불평등에 대한 불만이 고조되었고, 노동자의 실업 위험도 증가했다. 학생들이 서양의 정치적 가치에 관심을 보이면서 정부에 대한 반감은 증폭됐다.

1989년 4월 15일, 중국 공산당 총서기였던 후야오방胡耀邦이 사망했다. 중국 민주화 운동의 상징과도 같았던 그의 죽음은 많은 대학생들에게는 큰 충격이었다. 처음에는 북경대학교 학생들을 중심으로 그를 추모하는 시위가 시작되었다. 그런데 이것이 점차 정치 개혁과 민주화를 요구하는 대규모 시위로 확산되었다. 톈안먼 광장에 수십만 명의 학생과 시민이 모여 정부의 부정부패를 규탄하고 정치 개혁을 요구했다. 시위는 중국 전역으로 퍼졌다.

중국 정부는 시위가 계속되고 참여자가 늘어나자 결국 강경 진압에 나섰다. 1989년 6월 3일 밤부터 6월 4일 새벽 사이, 중국 인민해방군이 탱크와 무장 병력을 동원해 시위대를 해산했다. 이 과정에서 사상자가 속출했다. 당시 사망자 수는 정확히 알려지지 않았지만, 수백 혹은 수천 명에 이를 것이라고 짐작된다. 이 사건 후로 중국 정부는 더욱 강경하게 통제하여 정치적 안정을 유지하려 했고, 관련자들에 대한 대대적인 체포와 처벌이 이어졌다.

톈안먼 사건으로 하룻밤 사이에 중국의 이미지는 급변했다. 점진적으로 개혁하고 있는 국가라는 우호적인 느낌이 사라진 것이다. 당시의 무력 진압으로 중국은 레이건이 말했듯 "소위 공산주의 국가"가 아니라 억압적이고 비민주적인 국가임이 드러났다. 톈안먼 사건 이후 미국에서는 더 이상 대통령이 중국과의 관계를 주도하지 못하게 됐고, 의회 의견과 여론에 더 힘이 실렸다.

미국 정부는 강경 대응에 나섰다. 군사 장비의 판매를 중단하고, 군부의 인적 교류도 끊었다. 또 세계은행 및 국제 금융기관이 중국에 대출을 중단하도록 했다. 이는 중국 경제에 큰 타격이었다. 미국 의회는 중국에 대해 초당적 태도였지만, 톈안먼 사건 이후 의회 내에 반중파가 등장하면서 당파에 따라 입장이 달라졌다.

하지만 부시 정부는 중국과의 관계를 완전히 단절하지는 않았다. 중국에 대한 제재를 발표한 후, 미국은 비밀리에 고위 인사를 파견해 중국과 관계를 지속하겠다는 뜻을 전했다. 톈안먼 사건에 대한 대응을 중국이 심각하게 받아들이지 않기를 바란 것이다.[6]

그러자 미국 정부와 의회가 대립하게 됐다. 의회는 민주당 의원들 주도하에 중국 유학생들이 졸업 후 미국에 머무를 수 있도록 법안을 수정하려 했지만, 부시 행정부는 이에 반대했다. 소련을 견제하는 데 중국의 협력이 필요하다는 게 그 이유였다.

그러나 개혁개방을 추구하는 미하일 고르바초프가 등장하며 소련의 위협이 감소하자 중국의 전략적 중요성도 감소했다. 중국에 대해 이전과 다른 접근법이 필요하다는 의견이 전문가들 사이에서도 형성됐다. 고르바초프는 아프가니스탄에서 철군하고 중소 국경선 부근에서도 철수하겠다고 했다. 서방과의 관계 개선을 적극적으로 추진한 고르바초프의 등장으로 미소 간의 냉전구도에 지각변동이 일어나기 시작했다.

냉전의 종말, 중국에 대한 관점 충돌

1989년 11월, 베를린 장벽이 무너졌다. 사회주의 진영 붕괴의 시작이었다. 톈안먼 사건 이후 불안해진 중국 지도부는 동유럽 사회주의 진영까지 무너지자 좌불안석이었다. 공산당 정권이 민중봉기나 군부 등 무장 세력에 의해 전복될 수 있다는 두려움이 엄습했다.

반면, 미국에서는 동유럽 사회주의 붕괴로 소련이 서유럽을 지배하리라는 두려움이 사라졌다. 이제 반소련 연대의 파트너로서 중국은 더 이상 필요 없어진 셈이다.

부시 정부는 중국과 우호적 관계를 지속할 필요성을 다른 데서 찾는다. 우선 미사일과 핵무기 및 화학무기 확산, 환경오염 등의 문제에 대응하기 위해 중국이 여전히 중요하다는 관점이 등장했다. 이제 중국은 부정적 의미에서 가치가 있었다. 대량살상무기를 제조해 판매함으로써 세계에 해악을 가져올 수 있다는 잠재적 가능성 때문에 말이다. 또 다른 근거로 강해지는 일본에 대항하기 위해 중국이 필요하다는 주장이 나왔다. 그러나 일본은 비핵국가로 미국의 동맹이었으니, 일본 때문에 핵무장한 공산당 중국을 지지해야 한다는 논리는 설득력이 없었다.

톈안먼 사건 이전에 미국은 중국의 내정에 관심이 없었지만, 이후로는 더 이상 무시할 수 없었다. 미국에서는 이에 관해 여러 견해가 등장했다. 한편에서는 미국이 중국에 계속 관여하면 언젠가중국에도 자유민주주의가 뿌리내릴 것이라고 했고, 다른 한편에서는 중국 공산주의는 실패할 수밖에 없다는 의견이 제기됐다.

사진 6 독일 베를린 포츠담 광장 근처에 보존된 베를린 장벽의 남은 부분.

　당시 부시 정부는 동유럽 사태에 집중하다 보니 중국에 관심을 기울일 여력이 없었다. 또한 중국의 억압적인 반민주적 행태도 오래가지 않을 것이라고 막연히 믿었다. 실제로 부시 정부의 중국에 대한 제재는 오래가지 않았다. 1989년 12월, 미국 수출입은행은 중국에서 사업하는 미국 기업을 사안별로 검토해 대출을 재개하도록 하고 항공위성 수출도 승인했다. 일부 의원은 이를 비판했으나 정부의 뜻을 꺾을 수는 없었다. 이런 미국의 움직임에 대응해 중국은 1990년 1월에 톈안먼 사건 때 선포한 계엄령을 해제했다.

　의회의 반발은 다른 곳으로 번졌다. 중국의 최혜국 대우 갱신에 제동을 건 것이다. 이 특혜는 카터 정부에서 결정한 이후 매년 의회의 결의를 거쳐서 갱신되어 왔는데, 중국에 적대적인 진영이 이를 거부했다. 민주당 주도의 반중파 진영은 중국이 인권을 개선한다는 조건하에 특혜를 부여하는 내용의 법안을 제안했다. 조건을 이행하지 못하면 다음 해에 갱신하지 못하도록 하는 내용이었다. 이 법안은 최종적으로 부결되었으나 이 문제는 미국의 중국 정책에 의회가 영향을 미칠 주요 수단이 된다.

중국의 기민한 행보, 미중 간 긴장 고조

중국은 자국에 대한 제재와 적대적 태도를 바꾸려 안간힘을 썼다. 강경한 서방보다는 아시아 국가를 먼저 공략했는데, 인접 국가, 특히 한국과 대만의 기업이 중국에 진출하도록 유인했다. 그들의 투자와 경영 능력이 필요하기도 했다. 그러자 한국과 대만에서는 중국 붐이 일기 시작했다.

한편 일본은 1990년 여름, 중국이 인도네시아, 싱가포르와 외교 관계를 수립하자 바쁘게 움직였다. 일본은 G7 회원국으로서 중국 제재에 참여했지만, 다른 아시아 국가들이 투자와 진출을 가속화하는데 자신들만 뒷짐 지고 있을 수는 없었던 것이다. 1991년 8월, 일본 총리 가이후 도시키가 톈안먼 사건 이후 G7 국가 중에는 최초로 중국을 방문했다. 1991년 일본의 중국 수출은 40퍼센트나 증가했다. 1992년에는 한국 역시 중국과 수교를 맺는다. 그러자 북한은 혼란에 빠진다.

또 중국은 반체제 인사로 유명한 과학자 팡리즈를 이용해 미국과 관계 개선을 시도했다. 그는 톈안먼 사건 이후 미국 대사관으로 피신하여 미국이 오랫동안 보호하고 있던 인물이었다. 중국은 팡리즈의 출국을 용인하는 대가로 다시 국제 금융기관의 대출을 받을 수 있게 됐다. 대출은 주로 일본과 세계은행이 해주었다.

중국이 미국에 대해 사용한 또 다른 무기는 UN 안전보장이사회 상임이사국 지위였다. 1990년, 쿠웨이트를 침공한 이라크에 대한 UN군의 무력 사용을 위해 중국의 동의가 필요했다. 중국은 기권했지만 외교 협상 과정에서 약속한 바가 있었기에 톈안먼 사건 이후 중국 고위 인사로는 최초로 중국 외교부 장관이 미국 대통령과 면담을 가졌다. 그다음 해에 제임스 베이커James A. Baker III 국무부 장관은 중동에 대한 중국의 미사일 판매 문제를 해결하기 위해 직접 중국을 방문했다.

그 결과, 중국은 1991년 말 무렵 2년 전 훼손됐던 국제적 위상을 거의 회복했다. 한편 1991년 12월, 사회주의 진영의 리더이자 냉전시대에 미국의 라이벌이었던 소련은 붕괴했다.

냉전이 끝났는데도 중국은 군사력 증강에 더 관심을 쏟았다. 걸프 전쟁을 치르며 첨단 무기와 군 현대화의 필요성을 절감했기 때문이다. 그러나 미국은 협력하지 않았고, 서유럽도 첨단 기술은 제공하길 꺼렸다. 중국은 이스라엘에서 일부 기술을 얻었고 러시아에서도 무기와 군사 기술을 싼값에 들여왔다. 소련의 붕괴가 중국에 호재로 작용한 것이다. 러시아의 과학자와 기술자도 초대했다. 과거 소련제 무기를 구입했던 중국에는 더 없는 기회였다.

중국의 군사력 증강이 순조롭게 굴러가자 미국 부시 정부는 날카로운 눈으로 주목했다. 특히 1992년 3월, 러시아가 최신 전투기 수호이-27을 중국에 판매하자 대만과 미국은 긴장했다. 이로써 중국-대만 간 군사력 균형이 무너졌다고 볼 수 있었기 때문이다.

1992년 대선 기간의 여론 조사 결과도 불리했던 부시는 대책을 세워야 했다. 정치적 반전을 위해 중국에 지나치게 유화적이라는 비판을 벗어나는 게 시급했다. 1992년 9월, 부시는 대만에 첨단 전투기 F-16 150대를 판매하기로 했다. 1982년에 레이건이 대만에 대한 무기 판매를 제한한 후로, 대만은 첨단 전투기 매입을 간절히 원하고 있었다. 이는 닉슨 이후로 미국의 중국과 대만을 비롯한 아시아 관계에 중대한 의미를 갖는 사건이었다. 미국이 소련 붕괴 전만큼 중국을 전략적으로 중요하게 평가하지 않으며 대만과 관계를 새롭게 하겠다는 의도를 중국에 보여준 셈이었다. 대만이 첨단 무기를 가질 수 없도록 하여 서서히 대만을 수복하겠다는 중국의 계획에 타격이 갔다. 중국이 오랜 친구로 여겼던 부시가 내린 이 결정으로, 미중 간에는 깊은 골이 생겼다.

경제적 이익을 우선시한
클린턴 정부

중국과의 관계를 좌우한 경제 이익

1992년 대선 기간 중 민주당 후보였던 빌 클린턴은 부시 정부가 중국에 무조건 최혜국 대우를 부여한 점을 강하게 비판했다. 그는 민주당 주류와 함께 중국에 대한 조건부 최혜국 대우를 지지하고, 연 150억 달러의 무역 적자를 해소하는 데 중점을 두었다. 1993년 5월, 대통령이 된 클린턴은 의회의 강한 압력을 받고 인권 개선을 조건으로 붙이기로 했다. 미국 정부는 중국이 이 조건을 놓고 협상에 응할 것이라고 기대했지만 중국은 소극적이었다.

그 배경에는 중국의 경제 발전이 있었다. 덩샤오핑은 1992년 1월 말부터 2월 초까지 상하이, 선전, 주하이 등 남방 경제특구를 돌며 개혁개방 확대를 주장한 담화를 발표했다. 이른바 남순강화

였다. 그는 이를 통해 당시 국무원 총리였던 리펑 같은 보수파의
저항을 무릅쓰고 경제성장을 가속하려는 강한 의지를 표명했다.
1990년에 중국 경제는 4퍼센트 성장하는 데 그쳤지만 1992년에
는 12퍼센트 이상, 1993년 상반기에는 약 14퍼센트나 성장했다.
불과 2년 만에 고속 성장 국가가 된 것이다.

전 세계 기업은 이 기회를 놓치지 않으려 했다. 헬무트 콜Helmut
Kohl 총리가 중국을 방문해 20억 달러 규모의 계약을 체결하면서
미국의 우방 독일마저 중국의 인권 문제를 차치하고 중국과 거래
를 했다. 아시아 기업이 먼저 몰려왔고 그에 뒤지지 않으려는 미국
과 유럽 기업이 앞다투어 손을 내밀었다.

1993년 초부터 미국의 대기업과 재계 거물도 중국에 대거 투
자했다. 그해 중국은 83,437건의 계약을 외국 기업과 체결하고 약
1,110억 달러의 투자를 새롭게 받았는데, 이 중 약 6,700건이 미
국 기업이었다.[7] 이런 상황에서 클린턴의 조건부 최혜국 대우 정책
이 동력을 얻을지는 의문이었다. 중국과 자유롭게 무역하도록 해
달라는 미국 기업들의 압력이 더더욱 커지는 상황에서 클린턴이
내세운 정책은 타이밍이 맞지 않았다.

한편 1993년 8월, 미국은 파키스탄에 대한 미사일 판매를 이유
로 중국 제재에 나섰다. 오래전에 미국 기업이 중국에 통신위성을
판매하기로 계약했는데 이를 불허한 것이다. 그러자 미국 기업은
제재를 무력화시키기 위한 로비에 적극적으로 나섰다. 결국 클린
턴은 몇 달 지난 12월에 제재를 피해 위성을 수출할 길을 열어주

었다. 이 일을 계기로 미국 재계는 클린턴 정부에 중국 제재 완화를 요구하기 시작했고, 중국은 클린턴 정부가 재계의 압력에 취약하다는 걸 깨달았다.

중국 제재 강화에 반대한 쪽은 미국 재계만이 아니었다. 1993년 9월, 북한이 NPT에서 탈퇴하겠다고 하자 이를 설득할 수 있는 나라는 중국이 유일하다고 본 국방부는 중국 군부와 직접 미사일 수출 중단 등을 논의하고 싶어 했다. 클린턴 정부는 내부 논의를 거쳐 중국에 대한 새로운 관여 정책을 수립했고, 여러 주제를 놓고 다양한 수준에서 대화하겠다는 뜻을 중국에 전했다.

클린턴은 1993년 11월 미국 시애틀에서 열린 아시아태평양경제협의체APEC 회의에 중국 장쩌민 주석을 초청했다. 미국은 1989년에 부과한 군사 분야 접촉 금지 제재를 해제하고, 고위급 정부 인사의 중국 방문도 허용했다. 톈안먼 사건 이후 중국 지도부와 인민해방군을 무력화하겠다는 정책에서 전환한 것이다.

클린턴이 시애틀에서 장쩌민과 회동할 무렵, 미국은 냉전 후 새로운 대외 전략을 구상하고 있었다. 자유무역, 상업외교, 세계화를 핵심으로 하는 신자유주의 전략이었다. 클린턴 정부는 북미자유무역협정NAFTA을 승인하고 세계무역기구WTO 창설도 준비했다. 시애틀 회담에서 경제가 중심 화제가 된 것은 이런 새로운 전략 때문이었다. 인권 문제는 뒤로 밀려났다.

이제는 미국의 경제적 이익을 위해 자유롭고 개방적인 국제질서를 구축하는 것이 클린턴 정부의 중심 과제가 되었다. 1994년 초, 클린턴 정부의 경제 부처는 중국에 대한 조건부 최혜국 대우에 반대했다. 중국이 미국의 경제 이익을 증진하고 미국의 국가안보에 유리하다는 이유였다. 그해에 재계가 미국 외교에 미치는 영향력은 더 커졌다. 중국에 진출한 미국 기업들은 조건부 최혜국 대우에 불만을 품었고 800개에 달하는 기업이 클린턴 정부에 서한을 보내 조건 철폐를 요구했다.

미국의 노조는 기업의 중국 진출로 인해 국내 일자리가 줄어들 것을 우려하고 최혜국 대우에 반대했지만 정치적 힘이 없었다.

1994년 5월, 마침내 클린턴은 최혜국 대우에 붙인 인권 개선 조건을 철회했다. 중국 독재자들에게 아부한다며 전임자들을 비판했던 클린턴마저 입장을 바꾼 셈이다. 2000년 10월, 미국은 중국이 WTO에 가입한다면 매년 갱신할 필요 없이 항구적으로 최혜국 대우를 부여하기로 했다. 클린턴 시대에는 경제와 상업이 중국 정책의 핵심 동력이었다.

요동치는 미중 관계

클린턴 정부의 정책 변경은 미국과 중국의 관계에 큰 분수령이었다. 미국은 중국 공산당 지도부가 평화롭게 민주적 변화를 지향하게 하는 동시에, 중국에서 미국의 전략적 이익을 도모한다는 종전의 외교 방향을 포기했다. 이는 중국 공산당이 스스로 개혁할 의지가 있으며 중국의 정치적 변화가 혁명 없이도 가능하다는 걸 전제로 하는데, 더 이상 이를 고집하지 않기로 한 것이다.

클린턴 정부의 바뀐 입장은 비록 중국이 비민주적이고 문제가 많지만 경제적 이익과 아시아의 안정을 위해 이 국가에 계속 관여해야 한다는 것이었다. 그러자 이때부터 중국을 비롯한 다른 국가들은 미국이 인권과 민주주의를 앞세우다가도 경제적·전략적 손해가 있으면 물러설 것이라고 생각했다.

한편 대만 문제 역시 클린턴 정부의 주요 이슈였다. 1995년 5월, 미국은 리덩후이李登輝 대만 총통이 모교인 코넬대학교 졸업식에 참여할 수 있도록 방문을 허용했다. 이에 중국은 격렬히 항의하며 7월부터 대만해협 주변에서 군사훈련을 하고 미사일을 발사했다. 중국은 미국이 대만을 군사적으로 지원하면 핵전쟁도 불사하겠다며 위협했다. 1995년 말, 니미츠 항공모함이 대만해협에 나타났다. 이는 미중 국교 수립 후 처음 있는 일이었다. 중국의 군사 위협은 1996년 3월의 대만 총통 선거 때까지 계속됐다.

이 위기를 겪은 후 미국의 동아시아 정책은 바뀌었다. 1996년 4월, 미국은 일본과의 안보 조약을 확대하면서 미일 관계를 더 공고히 했다. 잠시라곤 해도 중국은 미국의 적국임을 확인했기 때문이다. 특히 중국은 이란 등 중동 국가에 무기를 팔면서 미국과 대립각을 세웠고, 인접한 아시아 국가를 위협할 가능성도 있어 보였다. 중국의 경제가 성장해 군사력이 강해지면 이삼십 년 후 중국군이 위협이 되리라는 인식이 미국 군부에 싹트기 시작했다.

대선이 있던 1996년, 재선 후 중국과의 관계를 개선하고 싶어

했던 클린턴은 중국의 WTO 가입을 타진했다. 그런 흐름을 타고 1997년 10월, 장쩌민이 미국을 방문했다. 1989년 톈안먼 사건 이후 처음으로 중국 최고지도자가 공식적으로 미국을 방문한 것이었다. 중국에 대한 경계심은 높아졌지만 미중 관계가 개선되었다는 뜻이기도 했다.

중국이 이란과 핵협력을 중단하는 대신, 미국은 자국 기업이 핵발전 장비와 기술을 중국에 팔도록 승인했고 중국은 보잉 제트기 50대를 구매하기로 했다. 중국은 1997년 11월에 반체제 인사인 인권운동가 웨이징성魏京生을 석방해 미국에 이주하는 걸 허용했고, 1998년 4월에는 톈안먼 사건 주도자 중 한 명인 왕단王丹도 석방하여 미국 망명을 허용했다. 두 사람의 석방으로 중국 인권 문제에 대한 미국 의회와 여론의 매서운 추궁이 한동안 잠잠해졌다.

1998년 6월 25일, 클린턴은 톈안먼 사건 이후 미국 대통령으로서는 최초로 중국을 방문했다. 그는 생중계된 기자회견에서 톈안먼 사건을 비판하면서 중국에 미국의 가치, 즉 민주주의와 언론의 자유 등을 전파하려 했다. 이는 중국 방문에 비판적인 국내 여론을 달래려는 것이었다. 그러면서도 클린턴은 직접 '하나의 중국' 원칙을 언급했다. 다시 중국을 적극적으로 포용하기로 한 것이다. 이는 미국 기업의 경제적 이익을 위한 방침이기도 했지만 아시아 문제의 협력 파트너로서 중국을 인정한다는 선언이기도 했다.

안정적 관계를 구축한
조지 W. 부시 정부

얼어붙은 관계, 정상들의 협력 노력

2000년 미국 대선에서 제41대 대통령이었던 조지 H. W. 부시의 장남 조지 W. 부시가 제43대 대통령으로 당선됐다.

부시 정부 출범 직후, 정부에는 중국에 대한 세 가지 견해가 혼재했다. 콜린 파월 국무부 장관은 중국이 전략적 파트너는 아니더라도 적은 아니라는 입장이었다. 도널드 럼스펠드 국방부 장관은 중국의 군사력, 전략적 의도, 대만 정책 및 대량살상무기 확산 가능성 등이 미국에 큰 위협이 된다고 보고 강경책을 원했다. 극단적인 두 견해 사이에서 부시 대통령은 중립적인 입장을 취했다.

중국은 미국의 신정부가 출범하자 적극적으로 소통하려고 했지만 예상치 못한 위기가 찾아왔다. 2001년 4월 1일, 남중국해에서 미중 항공기가 충돌하는 사건이 발생한 것이다. 중국 전투기가 추락했고, 미국 정찰기는 중국 공항에 긴급 착륙했다. 이 사건으로 미중 관계는 위기에 빠졌다. 설상가상으로 2001년 4월에 부시 정부는 미사일 구축함, 디젤잠수함, 대잠초계기● 등 역사상 최대 규모의 무기를 대만에 판매하기로 했다. 미국과 대만은 다시금 정부 고위인사 교류도 하기로 했다. 미중 관계는 얼어붙었고, 미국은 중국을 '전략적 경쟁자'로 규정하며 강경한 태도를 취했다.

그러나 부시는 미중 관계를 개선하려는 의지가 있었다. 항공기 충돌 사건 이후 얼어붙은 양국 관계를 개선하기 위해 중국의 WTO 가입 및 올림픽 유치 등에 협력할 뜻을 보였다. 부시는 2001년 10월 상하이에서 열린 APEC 정상회의에 참석했다. 이는 테러와의 전쟁이 시작된 이래 미국 대통령의 첫 해외 방문이었다. 여기서 양국은 솔직하고 건설적이며 협력적인 관계를 맺기로 한다.

2002년 2월, 부시는 중국을 다시 방문했는데, 닉슨이 중국에 방문한 지 30년 되는 해였다. 부시는 미국 정부는 대만의 독립을 지지하지 않는다는 원칙을 다시금 확인시켜 주었다. 2002년 10월 25일에는 장쩌민이, 2003년 12월에는 원자바오 총리가 미국을 방문했다.

양국은 정상회담뿐 아니라 여러 국제회의에서 수차례 교류했다. 두 나라 정상은 테러 대책에 관해 직접 소통했으며 중요한 국내외 문제에 관해서도

● 잠수함을 탐지하거나 공격하기 위한 항공기.

광범위한 합의에 도달했다. 이로써 미중 관계는 새로운 국면을 맞이했다. 미국이 우려하는 테러나 북핵 문제 해결에 중국이 필요함을 인식한 것이다. 2002년 10월 초에 북한이 핵개발계획을 시인하자, 11월에 미국은 북한에 대한 중유 공급을 중단했고 한반도 핵위기는 한껏 고조됐다. 이런 상황에서 중국이 6자회담 의장국을 맡았다.

중국이 가장 염려하는 대만 문제에 관해 미국은 대만 독립을 반대한다는 점을 명확히 했다. 2000년에 집권한 대만의 민진당 정부는 독립을 지향했고 2003년 말에 재통일과 독립 중 선택하는 국민투표를 실시하려 했는데, 이때 부시는 반대 입장을 분명히 했다. 이로써 미중 관계는 안정되었다.

미중 양국의 최고지도자들은 직접 소통하면서 솔직하고 개인적인 관계를 구축했다. 군사 교류가 재개되고, 차관급 방위 협의와 다국 간 군축회의가 시작됐다. 미중상업무역공동위원회를 구성하여 경제 현안도 논의했다.

전략적 경쟁자에서 건설적 파트너로

2004년, 부시는 재선에 성공했고 미국의 대중국 정책도 유지됐다. 부시는 국내 문제와 이라크 전쟁 등으로 힘든 상황에서 중국에 대한 포괄적 봉쇄는 원치 않았다. 부시는 다른 나라에 대해서는 민주주의 가치를 강조했지만, 중국에 대해서는 침묵했다.[8]

양국은 미중상업무역공동위원회, 미중경제공동위원회, 미중과학기술공동위원회 등이 제대로 움직이게 하고, 전략적 의사소통을 계속하기로 했다. 2005년에도 미중 관계는 큰 변화가 없었다. 섬유제품 수입 할당, 위안화 환율, 중국해양석유공사의 유노칼Unocal[•] 인수, 그리고 중앙아시아의 정치 변혁 등을 둘러싸고 양국 사이에 마찰이 있었지만, 근본적으로 두 나라의 관계가 바뀌진 않았다. 미국의 언론은 중국에 뜨거운 관심을 보였다. 《타임》과 《뉴스 위크》는 중국 특별호를 발행했으며, 주요 싱크탱크는 중국을 테마로 한 세미나와 토론회를 열었다.

2005년 9월, 로버트 졸릭 미국 국무부 부장관은 중국이 국제 시스템에서 책임 있는 당사자가 될 필요가 있다고 언급했다. 중국은 미국의 노력으로 국제사회에 통합되었지만, 자국의 평화적 번영은 국제 시스템에 의해 유지된다는 점을 인식하고 이를 유지하도록 노력해야 한다는 뜻이었다. 미국에 있어 중국은 '전략적 경쟁자'에서 '책임 있는 당사자'로 변했다.

2006년 4월, 후진타오 주석이 미국을 방문했다. 미중 간 무역적자, 지적재산권보호 등을 두고 갈등을 빚을 것으로 전망됐으나 의외로 이런 이슈는 정상회담에서 다뤄지지 않았다. 양국 정상은 이란과 북한의 핵 문제 등을 장시간 논의했다. 미국과 중국이 점점 상호 의존하면서 두 나라를 넘어 세계로 눈을 돌리게 된 것이다. 중국의 위상은 올라갔다.

그러나 경제 및 무역 문제가 정

● 미국 캘리포니아에 있던 에너지 회사. 2005년에 석유 회사 세브론(Chevron)에 인수됐다.

사진 8 2006년 4월 20일, 백악관에서 연설 후 악수하고 있는 조지
W. 부시 대통령과 후진타오 주석.

치 문제가 되면서 미중 관계는 새로운 도전에 직면했다. 중국 측
통계에 따르면, 2006년 미중 무역 총액은 2,627억 달러로 미국은
중국의 최대 무역 상대국이자 수출 시장이었다. 미국 측 통계에 따
르면, 중국은 미국에 두 번째 큰 무역 상대국이자 세 번째 큰 수출
시장이었다.

　당시 미국에는 세계화, 경쟁의 격화, 산업공동화, 구조적 실업이
라는 문제가 닥쳤다. 미국 의회는 무역불균형이나 위안화 환율 조

작, 지적재산권 문제에 대처하는 수십 건의 법안을 심의하고 있었고 경제와 무역 문제는 미중 관계에서 가장 핵심이 되었다. 양국 정부는 이 과제에 대처하기 위해 2006년에 전략경제대화를 신설했다.

한편 미국은 북한, 미얀마, 파키스탄, 이란 문제에 관해 중국과 협력할 필요가 있음을 인식했다. 2007년 9월, 호주 시드니에서 열린 APEC 정상회의에서 후진타오 주석은 미국과 중국이 '건설적인 파트너'라고 강조한다. '책임 있는 당사자'에서 '건설적 파트너'로 한 단계 더 오른 것이다. 9·11 테러 이후 7년간 미중 관계는 안정적이었고, 중국은 더욱 성장했다.

새로운 도전에 직면한
오바마 정부

아시아태평양 지역에 주목하고, 국제 문제 개입을 줄이다

2008년, 금융위기로 세계가 혼란스러운 때 47세의 버락 오바마가 미국 대통령으로 당선된다. 하와이에서 태어나 인도네시아 자카르타에서 유년시절을 보낸 그는 태평양에 익숙한 사람이었다. 2009년 11월, 도쿄에서 오바마는 매우 중요한 태평양 지역에서 미국의 리더십을 강화하겠다고 연설했다. 정권 초부터 아시아를 중시한 것이다. 이는 국내 경제 회복이 가장 중요한 과제였던 오바마 정권에서 성장 속도가 빠른 아시아태평양 지역을 미국 경제와 연계할 필요가 있다고 판단한 결과였다.

경제는 물론, 기후 변화, 핵군축 및 비확산, 이슬람 과격파와의 대결 등 글로벌 과제를 해결하기 위해서도 이 지역 국가들과 협력해야 했다. 힐러리 클린턴 국무부 장관도 이 지역에 대한 외교적 관여를 늘리고 자원을 계속 투입할 방침을 밝혔다. 그는 2009년 2월에 취임한 후 최초 외국 방문지를 아시아로 택했다.

이 지역에서 가장 두드러진 존재는 중국이었다. 2010년, 중국의 명목 GDP가 일본을 넘어섰다. 오바마 정권은 처음에는 중국과 의견 차이를 관리하면서 협력할 분야를 늘리고 미중 관계가 대립으로 치닫지 않도록 하는 전략을 택했다. 그래서 2009년에 미중 전략경제대화를 구성했다.

그러나 이 무렵부터 중국은 무역 불균형, 환율 문제, 인권 문제, 주변국과의 이해 충돌 문제를 둘러싸고 고압적으로 굴기 시작했다. 2008년 금융위기 이후 상대적으로 중국의 지위가 상승했다고 여기고 자신만만해진 것이다. 덩샤오핑 이래로 도광양회韜光養晦 노선을 버리고 중국의 힘을 바탕으로 국익을 추구하자는 분위기가 형성됐다.

특히 2009년부터 남중국해에서 중국의 어업 감시 활동이 활발해지고 대규모 군사훈련을 하는 등 중국의 강경 자세가 두드러지자 해상 안전보장 문제에 대한 미국의 관심이 높아졌다. 2010년 7월에 개최된 아세안지역안보포럼ARF에서 클린턴 장관은 미국이 남중국해에서 자유롭게 항행하고, 아시아에서 국제 공공재인 해양에 자유롭게 접근하며, 이 지역에서 국제법을 준수할 필요성을 역설했다. 그는 중국의 행동을 이 지역에 대해 강한 야심을 드러내며 미국의 위상에 도전하는 것으로 받아들였다. 2011년 10월, 「미국의 태평양 세기_America's Pacific Century_라는 제목의 글에서 그는 이라크, 아프가니스탄에서 아시아태평양 지역까지 외교, 경제, 전략 등의 여러 방면에서 관심을 강화하겠다고 언급했다.

그다음 달 호주 의회 연설에서 오바마는 미국은 태평양 국가이고 아시아태평양 지역에 남아 있을 것이라고 말했다. 아시아로의 중심 이동, 즉 '리밸런싱 전략'을 표명한 것이다. 그는 미국 경제에 이 지역이 매우 중요하다며, 미국이 장기적으로 역할을 하며 영향력을 확대하겠다고 했다. 또, 이 지역에서 미군 주둔과 임무 확대를 최우선으로 할 것을 관계 부처에 지시했다.

2012년에 발표한 '국방전략지침'은 떠오르는 중국을 주시하면서 미국의 전략적 기축을 아시아로 이동하여 중국과 균형을 이루겠다는 내용이 쓰여 있다. 미국 국방부는 태평양과 대서양에 균등하게 배치한 함정을 2020년까지 6 대 4로 태평양에 더 배치할 계획이라고 밝혔다.

이러한 전략적 관점에서 오바마 정부는 아시아태평양 지역에서 국제법과 규범을 준수하고, 통상과 항행의 자유를 누리며, 의견 대립을 평화적으로 해결하는 다국 간 협력 체제를 중시했다. 이 리밸런싱 정책은 그때까지 미국의 아시아태평양 정책에 비해 포괄적인 지역 전략이었다.

2013년에 출범한 오바마 제2기 정권은 이란 핵 문제, 시리아 내전, 이슬람 과격파 조직, 유럽 난민 문제 등에 대응하는 데 힘을 쏟았다. 존 케리 국무부 장관의 아시아 방문 횟수도 줄었다. 당시 미국 외교의 가장 큰 특징은 신중한 군사력 행사였다.

오바마는 미국이 세계의 경찰관이 아니고 세계의 모든 악을 다 스려야 하는 건 아니라고 말했다. 군사력을 행사하더라도 동맹국 이나 우호국과 집단으로 행동하길 원했고, 미국을 중심으로 한 네 트워크화를 시도하여 한국, 일본, 호주, 필리핀과 책임을 공유하는 폭을 넓히려 했다. 사활이 걸리지 않은 문제에는 개입을 피하고 국 제주의를 통해 동맹국과 역할을 분담하면서 국내 경제 회복을 도 모한 것이다.

그러나 중국과의 관계는 새로운 도전이었다. 중국은 미국이 리 밸런싱 정책을 표명하고 동아시아에서 군사력을 강화할 움직임을 보이자, 미국과의 관계 개선을 통해 중국에 대한 강경책을 완화하 려고 했다. 2012년 2월 미국을 방문한 시진핑 국가부주석이 썼던 '신형 대국 관계'라는 표현을 후진타오 주석도 사용하며 미중 관계 의 개선을 요구했다. 이는 미국이 중국을 동아시아의 대국으로 인 정하고 양국이 상호 핵심 이익을 존중하자는 것이었다.

2013년, 국가주석이 된 시진핑은 '위대한 중화민족의 부흥'이 라는 슬로건을 내걸고 중국의 국제적 위상을 강화하려고 했다. 2013년 9월 7일 카자흐스탄에서 '육상 실크로드' 계획을 발표하 고, 한 달 뒤 인도네시아에서 '21세기 해상 실크로드' 구상을 내 놨다. 이후 중국의 핵심 대외 전략으로 자리 잡을 '일대일로 구상'이 세상에 모습을 드러낸 것이다.

중국 정부가 이듬해 실크로드 기금을 만들기로 했고, 2015년

3월에는 국가발전개혁위원회·외교부·상무부가 육상과 해상 실크로드 계획을 합쳐 '실크로드 경제벨트와 21세기 해상 실크로드 공동 건설 추진의 비전과 행동'이라는 로드맵을 발표했다. 중국을 기점으로 동남아시아, 중앙아시아, 중동, 유럽, 아프리카, 중남미를 육상과 해상으로 잇는 경제·문화 교류 벨트를 만들겠다는 원대한 계획이었다. 굴기한 중국이 세계를 향해 거대한 지정학적 야심을 드러낸 것이다.

중국은 시진핑 정권 출범 후 동중국해 방위식별구역을 설정하고, 남중국해에서 영유권 분쟁을 일으켰으며, 암초를 매립하는 등 공세적인 태도를 취했다.

특히 미국이 민감하게 반응한 문제는 중국이 남중국해 인공섬에 활주로를 건설해 군사 거점화하는 것이었다. 2014년, 미중 정상회담에서 미국은 '항행의 자유'를 근본적인 이익이라고 강조하고 남중국해에서 중국의 행태는 국제법 위반이라고 비판했다. 2015년 3월에는 해리 해리스 태평양사령관이 중국은 모래로 만리장성을 쌓고 있다며 강력히 비난했다.

급기야 2015년 10월, 인공섬 주변을 미국 해군 구축함이 항행하면서 중국의 권리 주장을 부정하는 작전이 실시됐다. 미국에 있어 남중국해 문제는 단순히 중국의 군사거점화로 인한 안보 위협에 그치는 게 아니라, 미국이 주도하는 국제질서에 대한 정면 도전이었다. 기존 국제질서에 중국을 복속시키려 한 미국의 대중국 정책은 효과가 없음이 드러났다.

아시아로의 중심 이동

2014년, 오바마는 아시아로의 중심 이동을 위한 계획에 착수했다. 그의 전략은 유라시아에서 중국의 무역 상대국들을 미국의 영향권으로 다시 끌어들이는 것이었다. 오바마는 중국이 경제 분야에서 아프리카, 아시아, 유럽을 주도적으로 통합하려는 시도에 대응해, 환태평양경제동반자 협정TPP과 범대서양무역투자동반자 협정TTIP을 구상했다. TPP를 통해 유라시아의 절반인 아시아의 방대한 무역을 북미로 향하도록 하고, TTIP를 통해 유럽의 무역에서 미국의 비중을 높이려 한 것이었다.

TPP가 실현되면 세계 GDP의 약 40퍼센트, 세계 무역의 약 3분의 1을 차지하는 태평양 연안 11개국이 미국과 통합될 것이었다. 2015년 10월에 TPP에 12개국이 대체로 합의하고 2016년 2월에 서명식이 열렸다.

그러나 미국 내에서는 두 협정에 대한 반대 여론이 거셌다. 1999~2011년에 중국 제품 수입으로 인해 약 240만 개의 미국 일자리가 사라졌고 다수의 기업이 망했다. 수십 년 동안 세계화를 추진한 결과 삶이 어려워진 미국 노동자들은 기업과 경제 엘리트에게만 유리한 경제질서에 반대하는 목소리를 높였다. TPP와 TTIP는 세계화의 상징으로 인식돼 공격의 대상이 됐다. 2016년 7월 실시된 여론 조사에서 무역으로 더 많은 일자리가 생긴다고 답한 미국 국민은 고작 19퍼센트뿐이었다.[9]

2016년 대선에서 트럼프는 TPP에 강하게 반대했다. 2016년

9월, 오바마는 TPP가 리밸런싱 정책의 중핵임을 강조하고 의회에 조기 비준을 요구했지만 의회는 거부했다. 오히려 중국은 아시아 국가들과 지역내포괄적경제동반자협정RCEP을 추진했고, 오바마의 리밸런싱 정책은 결실을 맺지 못했다.

이 같은 각축전 끝에 중국은 더 강해졌다. 중국은 9·11 사태 이후 미국이 테러와의 전쟁으로 중동에 많은 자원을 쏟아붓는 사이, 대미 무역에서 번 많은 돈을 세계에 투자했다. 아프가니스탄의 경우 2015년 기준 전체 외국인 투자 중 중국의 비중이 79퍼센트였다. 시에라리온에서는 70퍼센트, 짐바브웨에서는 83퍼센트를 차지했다. 중국은 불과 4년 만에 아프리카와 교역을 두 배로 늘렸는데, 그 액수가 2,220억 달러에 이르러 730억 달러였던 미국의 세 배 수준에 달했다.

중국 경제가 발전하면서 국방 예산도 GDP의 2퍼센트 수준으로 올라가, 2001년 520억 달러에서 2015년 2,140억 달러로 약 네 배 증가하며 미국에 이어 세계 2위가 됐다.[10]

오바마는 중국의 군사적 도전에 대응하여 외교를 통해 패권을 유지하려 했지만 결과는 신통치 않았다. 이란과 핵협정을 체결했지만 아프가니스탄, 시리아, 이라크 등의 문제 때문에 전략적인 힘을 아시아로 빠르게 이동할 수 없었다. 결국 아시아로 중심을 이동하려던 오바마의 정책은 미완으로 끝났다.

신냉전을 시작한
트럼프 정부

미국 우선주의를 내세우다

2016년 대선에서 주류 정치권에 반기를 들고 돌풍을 일으킨 트럼프가 당선됐다. 그는 세계화 정책으로 제조업이 공동화되면서 양질의 일자리를 잃은 백인 노동자들의 분노를 정치적 동력으로 삼아 국익을 우선시하며 신자유주의 질서에 도전했다.

2017년 1월에 출범한 트럼프 정부는 TPP 추진을 중단하고, 다국 간 협력 대신 양국 간 거래를 전개한다. 이렇듯 트럼프 정권은 제2차 세계대전 후 미국 주도로 구축한 국제질서를 훼손하는 파격 행보를 보였지만, 오바마 정권 시절 싹튼 중국에 대한 문제의식을 더욱 강화했다.

트럼프 정부는 '트럼프 독트린'으로 불리는 국가안보전략을 발표했다. '미국 우선주의'를 표방하여 '경제 안보'를 강조하고, 중국과 러시아를 미국의 '전략적 경쟁자'로 규정했으며 미국의 경제적 이익을 위해선 '경쟁과 대결'도 불사하겠다는 뜻을 천명했다. 중국과 러시아에 대해 기존 질서를 변화시키려는 '수정주의 국가'라고 명시하기도 했다. 특히 중국에 대해 "인도태평양 지역에서 미국을 대체하고, 국가 주도 경제 모델의 범위를 확대하며, 중국이 원하는 대로 지역 질서를 재구성하려 한다"라며 강한 경계감을 드러냈다.

《뉴욕 타임스》는 "30년 동안 초강대국들의 경쟁이 휴지기를 보냈으나 이제 휴가는 끝났다는 것을 암시한다"라고 분석했다.[11] 강대국들의 경쟁적 대결, 신냉전이 시작된 것이다.

미국을 바짝 쫓아온 경쟁자

그러면 중국에 대한 미국의 태도가 변한 이유는 무엇일까? 중국의 국력이 강해졌고, 특히 군사력 면에서 미국을 빠르게 추격했기 때문이다. 중국의 명목 GDP는 미국의 70퍼센트 수준이고, 구매력 기준으로는 이미 2016년에 미국을 앞질렀다. 과학기술 논문의 양도 비약적으로 늘었다. 미국은 중국의 파워가 국제질서를 변화시키거나 미국의 위상을 약화시킬 상황을 우려한 것이다.

실제로 시진핑은 2017년 제19회 당대회 연설에서 '강국'이란 단어를 20회 이상 사용하고, 건국 100주년인 2049년경에는 종합 국력과 국제적 영향력에서 세계의 선두에 서는 '사회주의 현대화 강국'을 실현하겠다고 선언했다. 그는 외국의 정치 제도를 기계적으로 모방해서는 안 되며, 서방이 말하는 보편적 가치를 그대로 수용할 수는 없다고 말했다. 그리고 2035년까지 국방과 인민해방군의 현대화를 기본적으로 실현해, 이번 세기 중반까지는 인민해방군을 세계 톱클래스로 육성하겠다고 역설했다. 이로써 미국과의 대립 구도는 더욱 선명해졌다.

또 다른 이유는 미국이 중국이 변화하리라고 기대하지 않고 전혀 다른 체제임을 인정했기 때문이다. 이런 흐름은 시진핑 정권 후로 강해졌다. 미국은 과거에는 중국이 경제발전과 함께 민주화될 것이라는 희망을 전제로 했지만, 실제로 중국이 발전했음에도 더 이상 서방의 민주적 가치를 공유할 가능성이 보이지 않자 이 같은 판단을 내렸다.

트럼프 정부는 2018년 1월, 새 국방 전략을 발표했다. 중국 및 러시아와의 경쟁이 전 세계에서 미군을 위협하고 있다며 미군의 능력 확대와 전쟁 준비를 위해 투자를 늘려야 한다고 밝혔다. 새 국방 전략은 20년 가까이 테러리즘을 저지하는 것을 최우선 국가 안보 과제로 규정했던 미국이 중국과 러시아와의 군사적 경쟁에서 우위를 확보하는 쪽으로 방향을 바꾼 것이다. 또 중국이 남중국해의 군사 거점화 및 인도태평양에서의 패권 확립을 통해 세계에서 미국의 주도적 지위를 대체하려 한다고 분석했다.

이에 대해 중국은 2018년 6월에 중앙외사공작회의中央外事工作会議에서 세계 지배 체제 개혁에 적극적으로 관여해야 한다면서, 서방 주도의 국제질서를 중국 주도로 변혁하겠다는 입장을 밝힌다.

2018년 10월 4일, 마이크 펜스 미국 부통령은 허드슨연구소에서 한 연설에서 중국의 인권 유린, 기술 탈취, 군사 팽창, 무역 갈등은 물론 미국 중간선거 개입 의혹, 남중국해 문제, 위구르족 이슬람교도 탄압 등 거의 모든 분야에서 직설적으로 중국을 비판했다. 그리고 미국은 결코 물러서지 않을 것이라고 경고했다. 중국을 미국의 경제적 이익과 미국의 가치에 근본적 위협을 가하는 주된 경쟁자로 선언한 것이다.

이는 미국이 중국에 대한 관여 정책에서 근본적으로 방향을 전환했음을 알 수 있는 대목이다. 약 45분에 걸친 펜스의 연설은 1971년 키신저의 중국 방문 이래 미중 관계에서 최대의 변곡점이 됐다.

특히 중국 군사력의 비약적 발전은 미국에 심각한 위기감을 조성했다. 조지프 던포드Joseph Dunford 미국 합참의장은 상원 인사청문회에서 2025년에는 중국이 미국 군사력을 가장 위협하는 국가가 될 것이라고 했다.

미국 인도태평양사령부의 새 사령관인 필립 데이비드슨Philip S. Davidson은 미국 상원 인준 과정에서 중국은 미국과 전쟁이 벌어질 경우 남중국해를 통제할 수 있다고 말했다. 그는 중국이 중요한 비대칭적 능력을 확보해 미국에 대한 대응 능력을 갖춘 대등한 수준의 경쟁자임을 지적하면서, 미국이 분쟁에서 중국을 이길 수 있다는 보장은 없다고 결론지었다.[12]

무역전쟁으로 번진 미중 경쟁

트럼프는 중국이 미국과의 무역에서 큰 흑자를 낸 걸 두고 '세계 역사상 최대의 도둑질'이라고 맹공했다.[13] 2018년 7월 6일, 미국은 중국에서 수입하는 340억 달러(약 49조 원) 규모의 제품에 대해 25퍼센트의 관세를 부과하기 시작했다. 마침내 미국과 중국의 무역전쟁에 불이 붙었다.

미국과 중국은 2020년 1월 15일에 1단계 합의를 이루었다. 이 합의에서 중국은 미국의 지식재산권을 보호하고, 미국 기업에 대한 금융시장 개방 확대와 인위적인 위안화 평가절하를 중단할 것 등을 약속했다. 미국은 중국을 환율 조작국으로 지정한 것을 해제하여 관찰 대상국으로 재분류했다.

미국은 기술 패권을 계속 유지하면서, 중국이 첨단기술 분야에서 앞서지 못하도록 다양한 대책을 마련했다. 중국의 정치 체제와 인권 문제에 대한 비판도 더 뜨거워졌다. 하지만 트럼프 정부는 중국과의 경쟁에서 효과적이고 일관된 전략을 전개했다고 보기 어렵다. 동아시아에서 중국에 이기기 위해서는 동맹국과 우호국의 도움이 필요한데 오히려 이 국가들에 불신감을 심어준 것이다. 이는 장기적으로는 미국의 이익을 해치는 결과를 가져올 수도 있는 문제였다.

분쟁 없는 경쟁으로 일관한
바이든 정부

유일한 경쟁국으로 선언하다

2021년에 출범한 바이든 정권은 중국이 여러 방면에서 미국에 도전하는 국가라는 트럼프 정부의 시각을 이어갔다. 중국과의 전략적 경쟁을 선택한 것이다. 바이든 정부가 2021년 3월에 발표한 잠정적 국가안보전략지침에서도 중국에 대한 엄혹한 인식이 드러난다. 중국은 경제·외교·군사·기술 분야에서 역량을 결집해, 안정적이고 개방적인 국제 시스템에 장기간에 걸쳐 도전할 잠재력을 가진 유일한 경쟁 상대로 규정되어 있다. 중국을 유일한 경쟁국으로 선언한 점에서 오히려 트럼프 정부 때보다도 중국에 대한 경쟁의식이 더 강해졌다고 볼 수 있다.

경제와 과학기술의 진흥을 우선하고 일부 자원을 군사적 현대화에 사용하는 중국은 러시아와는 다른 도전자다. 미국은 경제 안보가 곧 국가 안보라 못박고, 동맹국 및 우호국과 협력하면서 국제 경제를 재건해야 한다고 결론지었다. 특히 불안정을 초래할 리스크를 낮추기 위해 중국과의 전략적 경쟁을 관리하되, 중국이 목적으로 하는 경제·기술 패권에 대항해야 한다는 점을 분명히 했다.

2022년 10월, 바이든 정부의 국가안보전략에서는 향후 10년이 미래의 방향을 결정하는 변곡점이 될 것이라고 진단한다. 새로운 안보 전략의 초점은 국제질서의 미래를 형성할 경쟁 속에서 어떻게 하면 그 변곡점을 포착하여 중요한 국익을 증진하고 지정학적 대결에서 승리할 수 있을지에 맞춰져 있었다. 잠정적 국가안보전략지침과 마찬가지로 유일한 경쟁국인 중국을 이기는 것이 핵심적 과제로 설정되었다.

2022년 2월에는 인도태평양전략을 발표했다. 인도태평양 지역은 세계 인구의 과반수가 거주하고, 세계 GDP의 60퍼센트, 세계 경제성장의 3분의 2를 차지하며, 지리적으로 세계 해양의 65퍼센트와 대륙 25퍼센트를 점하고 있어서 미국의 번영과 발전에 불가결한 지역이다. 더구나 미국이 중국의 도전을 받는 지역이므로 이 지역에 대한 중국의 억압과 공격에 대처할 필요가 있었다. 이후 10년간 이 지역에서 법과 규범을 유지할 수 있는지 여부는 미국의 인도태평양전략에 달려 있다고 해도 과언이 아니었다.

미국은 개방적이고 번영하며 안전한 인도태평양 지역을 만들어야 한다. 그러기 위해 한국, 호주, 일본, 필리핀, 태국 5개국과 동맹을 강화하고, 동남아시아의 우호국들과 연계를 심화하며, 미국·일본·호주·인도 간 안보 협의체인 쿼드QUAD와 미국·영국·호주의 안보동맹인 오커스AUKUS를 통해 군사적·전략적 대응 능력을 보강한다는 것이 이 전략의 핵심 내용이었다.

지역 국가와 통합적으로 대응

미국은 안보 분야에서 2021년부터 '통합적 억지'라는 표현을 사용한다. 이는 인도태평양 지역에서 중국의 현상 변경에 대항하기 위해 동맹국 및 우호국과 힘을 모아 군사적 내지 비군사적 수단을 사용한다는 뜻이다. 이러한 정책을 추진하는 데는 재정적 제약도 원인으로 작용했다.

미국은 오바마 정권기인 2011년에 「예산통제법Budget Control Act」을 제정한 후 10년간 국방비를 포함해 연방정부 지출 삭감을 의무화했는데 중국의 군비 확장이 거세지자 극초음속활공비행체, 무인 시스템 등 신기술 도입을 서둘렀다. 군사적 우위를 잃을 것이 우려됐기 때문이다. 그러나 새로운 전력 배치에는 시간이 걸리므로 지역적인 힘의 공백이 생길 가능성이 있었다. 이 공백을 메우기 위해 지역 국가와의 통합적 대응이 필요했던 것이다.

그 결과 바이든 정부는 트럼프 정부보다도 동맹국과 우호국을 중시하는 태도를 견지해 왔다. 미국은 향후 미중 대립의 최전선을 인도태평양 지역으로 보고, 이 지역 국가의 전략적 중요성을 인정

사진 9 2022년 11월, G20 정상회의에서 만난 조 바이든 대통령과 시진핑 주석.

했다. 또 바이든 정부에서는 공급망을 새로 구축해 중국에 대한 의존도를 낮추려고 했다. 특히 반도체, 의약품, 희토류 금속, 배터리 등의 공급 네트워크를 재편해 우호적인 국가 및 지역에 배치하려고 했다. 중국의 첨단기술 획득을 막는 노력도 있었다.

하지만 바이든 정부의 중국에 대한 전반적 대응은 미중 관계가 파탄에 이르지 않도록 관리하는 수준이었다. 2022년 2월에 러시아가 우크라이나를 침공한 이래 미국의 외교력과 군사력은 우크라이나로 집중됐다. 중국과 분쟁을 할 만한 여유가 없었던 것이다. 요컨대 바이든 정부도 트럼프 정부와 마찬가지로 중국에 대해 '분쟁 없는 경쟁'으로 일관했다. 두 정부의 차이는 단순히 수사적인 수준에 불과하다.

미국의 유일한 경쟁국으로 자리한 중국. 역설적이게도 중국을 오늘날의 강대국으로 만든 건 바로 미국이다. 시카고대학교의 국제정치학자 존 미어샤이머John J. Mearsheimer 교수는 미국이 중국의 발전을 계속 지원한 건 비현실적 전제에 기반한 전략적 실책이었다고 통탄한다.[14] 세력 균형을 고려해 대처했다면 중국의 성장 속도는 훨씬 더 느렸을 것이라는 의미이다.

2024년 대선에서 트럼프가 귀환했다. 트럼프 신정부는 1기 때와 마찬가지로 중국과의 전략적 경쟁을 가속화할 것이다. 따라서 트럼프 정부는 한반도 정책 혹은 북한 정책을 입안할 때 중국을 염두에 둘 가능성이 높다. 북한과의 관계 개선이 중국을 견제하는 데 유리한가, 아니면 불리한가? 이에 대한 미국의 판단이 북한과의 관계에 매우 중요하게 작용할 것이다. 이를 판단하기 위해서는 먼저 북한과 중국의 관계를 이해할 필요가 있다.

2장

북한과 중국

혈맹과 숙적을
오가다

전쟁 속에 끈끈해진
북한과 중국

소련을 등에 업은 김일성

1945년 8월 8일, 제2차 세계대전이 막바지에 다다랐을 때 소련은 일본에 선전포고를 했다. 전투가 시작되자마자 일본의 관동군과 만주국군은 빠르게 무너졌다. 소련군은 8월 11~20일에 웅기·나진·청진과 나남을 점령했다. 8월 21일에는 원산을 점령했고, 8월 24~25일에는 소련 공수부대들이 함흥과 평양에 투하됐다. 소련군은 남쪽으로 진격하여 9월 초에는 미국이 제안한 삼팔도선 분할점령안의 북쪽 지역을 점령했다.

북한에 진주하고 있던 소련군에는 한국인들이 포함되어 있었다. 대부분은 동북항일연군교도려東北抗日聯軍敎導旅, 일명 제88정찰여단 소속이었다. 항일 전쟁 당시 중국 동북 지방(만주)에서 중국인, 조선인의 혼성 부대로 편성된 동북항일연군 생존자들로 편성된 부대였다. 전쟁이 끝나자 한국과 중국 대원은 만주와 북한의 연고 지역으로 투입되어 소련군의 점령을 도와주었다.

김일성은 소련 점령군 사령부가 자리를 잡고 각 도에 인민위원회가 세워진 시점인 1945년 9월 19일에 소련 상선인 푸가초프호를 타고 원산항을 통해 귀국했다. 소련 극동군 제88정찰여단 대위 계급장을 달고 김책, 안길, 최현 등 빨치산 동료들과 함께 귀환한 것이다. 귀국 이전에 이미 스탈린은 김일성을 낙점했다. 소련은 일본과의 전쟁 개시 한 달 전부터 제88정찰여단에 있는 빨치산 출신의 '김일성 부대'를 활용할 계획을 세웠는데, 이 과정에서 스탈린은 9월 초순에 김일성을 면접했고 그를 북한의 지도자로 정했던 것이다.[1]

김일성은 귀국 당시 소련군에 의해 평양 주둔 경무사령부 부사령관으로 임명됐다. 소련군정은 10월 13일에 조선공산당 북조선분국을 설치하고, 다음 날인 14일에는 김일성을 대중 앞에 최초로 등장시키는 환영대회를 연출했다. 이후 김일성은 1945년 12월 17~18일에 열린 조선공산당 북조선분국 3차 확대집행위원회에서 일약 책임비서가 되었다. 곧 북한 공산당의 제1인자가 된 것이다. 그 후 그는 기존 정당을 위성 정당으로 만들고 새롭게 위성 정당을 발족시켰고, 소련은 김일성의 조선공산당 북조선분국을 중심으로 그 위성 정당들과의 제휴를 통해 연립정부를 출범시켰다. 이것이 1946년 2월 8일에 발족한 '북조선임시인민위원회'였다. 이 기

구는 북한에서 사실상 단독정부로 기능했다. 이 위원회의 위원장으로 김일성, 부위원장으로 조선신민당의 김두봉, 서기장으로 조선민주당 임시위원장 강양욱이 선출됐다.

북한이 중국 공산당을 지원하다

중국에서는 국민당과 공산당 간의 국공내전이 치열해지고 있었다. 일제가 항복한 후 1945년 10월 10일, 중국 국민당과 공산당은 장차 모든 당파가 참여하는 정치 협상 회의를 개최하기로 합의했지만 국공 양당의 합의는 일시적이었고 애초에 그 뿌리가 단단하지 않았다. 세계적 냉전이 시작되고 미국이 국민당을 지원하자 공산당의 반발은 격화되었다. 국민당 내의 강경 세력은 정치 협상회의에서 이루어진 합의를 무시하고 국민당 1당 중심의 정권을 수립했다. 이에 공산당이 반발하면서 만주 지방에서 양측의 무력 충돌이 빈번해졌다.

1946년 4월, 소련군이 철수하자 중국 공산당의 군대인 중공군이 만주의 농촌 지역을 장악하고 창춘 등 대도시 몇 군데를 점령하기도 했다. 그러나 곧 국민당 정부의 군대인 국민당군이 대대적으로 반격하면서, 5월 하순에는 만주 지역의 대도시를 재점령했고 중공군은 패퇴를 거듭했다. 국민당군은 7~8월에 걸쳐 대규모 병력을 동원해 공격 수위를 높이면서 전면적인 내전에 돌입했다. 내전 초기 국민당군은 중공군을 압도했다.

이때 국민당군에게 밀려 만주에 고립된 중공군을 위기에서 벗어나게 도와준 것이 북한이었다. 국공내전 중 중공군이 가장 열세였던 1946~1947년에 북한에서는 소련군정이 실시되고 있었다. 이로 인해 북한의 중공군 지원은 비공개적으로 이루어졌다. 여기에는 김일성의 항일투쟁을 같이 했던 경험과 그때 쌓은 중국 공산당과의 인맥이 크게 작용했다. 또, 김일성은 국민당의 배후에 미국이 있으므로 국민당군을 퇴치하는 일은 필연적 당위라고 여겼다. 이런 북한의 중공군 지원은 김일성의 권력 기반이 확고하지 않은 상태에서 이뤄진 것으로, 매우 파격적이었다.[2]

북한의 중국 공산당 지원은 북조선임시인민위원회가 조직되자 좀더 본격화되었다. 이 시기에 국민당군의 공세로 창춘과 선양이 함락되자, 중공군이 점령하고 있던 남만주와 북만주 지역을 잇는

84

주요 교통로가 끊겼다. 그래서 많은 중공군 병력과 물자가 북한 지역을 통과해야만 남만주와 북만주 사이를 이동할 수 있었다. 특히 중국 공산당 동북국은 1946년 6월 국민당군의 진격으로 중공군이 단둥과 퉁화도 지키기 어려워지자, 북한 북부 지역을 후방으로 삼아 남만주 작전을 지원한다는 방침을 세웠다.

북한은 남만주에서 반란을 일으키고 중공군에 귀순한 국민당군 제184사단이 두만강을 건너 북만주로 진출할 수 있도록 퇴로를 열어주었다. 또 북한은 중공군에게 남만주 철수 당시 부상병과 군인 가족, 후방 근무 인원, 전략 물자가 안전하게 머물 수 있는 후방 기지를 제공했다. 나아가 북한은 중공군의 물자 조달을 지원했다. 김일성이 북한 내 신발 공장을 다그쳐 중공군에게 신발을 지원한 게 그중 하나다.

1946년, 국민당군이 선양과 창춘에 이르는 철로변의 대도시와 주요 교통로를 장악하자 중국 공산당 동북국은 북한 북부 지역의 도로를 빌려 물자와 병력을 운반했다. 이 같은 북한의 도움으로 중공군은 만주 지역을 재탈환할 계획을 세울 수 있었다. 그리고 두절되었던 북만주의 근거지를 북한의 항구 및 교통로를 통해 다시 연결함으로써 총반격의 기반을 마련했다.

중국 공산당에 대한 북한의 지원은 중국과의 관계를 '혈맹'으로 정초시킨 중요한 계기가 되었다. 사실 국공내전에서 북한이 어떤 태도를 취할지는 자명했다. 국민당이 만주를 장악할 경우의 지정학적 부담, 중국 혁명이 한반도 통일에 미칠 영향 등을 고려하면 국공내전에서 중국 공산당의 승리는 북한에도 절실한 문제였다.

중공군은 1949년 1월에 베이징에 입성했고 3개월 만에 국민당군 170여 개 사단을 분쇄하면서 양쯔강 이북 지역을 모두 점령했다. 이어서 4월에는 양쯔강을 넘었고 4월 23일에는 당시 수도였던 난징까지 파죽지세로 함락시켰다. 국공내전에서 중국 공산당이 승리한 것이다.

한편 중공군이 난징을 점령한 후, 북한의 민족보위성 부상 겸 북한군 총정치부 주임인 김일이 중국을 방문한다. 베이징에서 마오쩌둥과 저우언라이 등과 만난 김일은 중공군 내 조선족 부대를 북한에 넘겨달라고 요구하는 김일성의 서신을 마오쩌둥에게 전달했고 마오쩌둥은 이를 수락했다.

동북 군구 관할 아래 전원이 조선인으로 구성된 제164사단과 제166사단이 1949년 7~8월에 걸쳐 북한으로 귀환했다. 7월 말에 북한에 들어온 제166사단은 북한군 제6사단으로 편성되었고, 8월에 들어온 제164사단은 북한군 제5사단으로 편성되었다. 이 조선족 부대는 길게는 중일 전쟁, 짧게는 국공내전에서 실전 경험이 있는 전투부대였는데 이후 한국전쟁에서 활약했다.

북한군 병력은 세 개에서 다섯 개 사단으로 한 번에 늘어났고 남북 간 힘의 균형은 허물어졌다. 김일성은 병력이 늘어난 직후인 8월 중순에 남한에 대한 전략 방침을 '방어'에서 '무력 해방'으로 바꾸었다.[3]

한국전쟁 발발

1948년 8월 15일과 9월 9일에 한반도에는 25일 간격으로 남과 북에 정권이 들어섰다. 중국도 새로운 질서가 태동하고 있었다. 중국 공산당이 내전에서 승리할 것으로 확신한 김일성은 무력을 동원한 한반도 통일을 서둘렀다. 1949년 3월 초, 소련으로 달려간 김일성은 스탈린과의 회담에서 무력 통일 계획안을 설명했다. 하지만 스탈린은 군대를 동원해 남한을 공격할 필요가 없다고 잘라 말했다. 그런데 스탈린의 생각을 바꾸는 상황이 생겼다.

국공내전에서 이긴 중국 공산당이 중화인민공화국을 건국한 후인 1950년 1월 26일, 중국은 '창춘철도와 뤼순항 및 다롄항에 관한 협정'을 소련 측에 전달하고 2년 내에 동북 지역의 모든 주권을 회수하겠다고 했다. 소련은 기본적으로 중국 측 요구를 수용했으며, 곧이어 1월 30일에 북한 주재 테렌티 시티코프Terenti Shtykov 소련 대사에게 김일성의 남침 계획에 동의하고 원조를 제공하겠다는 뜻을 담은 전보를 보냈다.

김일성의 남침 승인 요구에 계속 유보적인 태도를 보였던 스탈린이 돌연 입장을 바꾼 이유는 뤼순항과 다롄항을 잃을 상황이 됐기 때문이다. 두 항구는 태평양으로 통하는 부동항, 즉 동아시아의 전략적 거점이었다. 소련의 전략 거점을 한반도에서 다시 확보하기 위해 전쟁 발발에 동의했던 것이다. 즉, 스탈린은 승패와는 관계없이 태평양으로 나가는 항구를 얻을 수 있다고 판단했다. 스탈린의 남침 승인 및 지원은 철저히 지정학적 계산의 결과였다.[4]

스탈린은 김일성의 남침 계획에 동의하면서 김일성에게 마오쩌둥의 동의를 얻게 한다. 1950년 5월에야 베이징에 도착한 김일성에게 남침 계획을 들은 마오쩌둥은 회의를 소집해 주요 인사들에게 의견을 물었다. 군 총사령관 주더朱德와 부주석 류사오치劉少奇는 신중했다. 동북지역 책임자 가오강高崗만 찬성했다. 마오쩌둥은 미군이 한반도에 상륙하면 참전할 의사가 있다고 했다.

1950년 6월 25일 새벽, 소련제 T-34 탱크로 무장한 탱크여단을 앞세운 북한군이 기습적으로 삼팔선을 넘었다. 김일성은 중국을 무시하고 남침 시작을 알리지 않았다. 마오쩌둥은 프랑스 통신을 인용한 외국 신문을 보고서야 한반도에 전쟁이 터졌다는 소식을 들었다. 김일성은 서울을 점령한 뒤에야 장교 한 사람을 보내 중국에 정식으로 전쟁을 통보했다.

북한군은 전쟁 초반에는 거침없이 남하했다. 그러나 9월 15일, 인천상륙작전의 성공을 계기로 전세는 완전히 뒤집혔다. 중국은 북한군이 붕괴되고 국군과 UN군이 삼팔선을 향해 반격하자 공공연히 전쟁 개입 의사를 드러냈고 10월 1일, 소련과 북한으로부터 공식적인 지원 요청을 접수했다. 마오쩌둥은 10월 8일에 미국의 위협에 대해 스스로 안전을 지킨다는 '항미원조 보가위국抗美援朝保家衛國'이라는 명분을 내세워 그동안 출전 태세를 갖춰둔 동북변방군을 '인민지원군'으로 개편하고 출병을 명령했다. 지원군 사령관은 펑더화이彭德怀였다. 만약 한반도가 미국의 지배하에 놓이면 동북 지방이 위태로워질 수 있었다. 즉, 중국이 한국전쟁에 참전한 것은 자국의 안보와 이익을 위해서이지, 북한을 구하기 위해서가 아니었다. 김일성을 구한 건 어디까지나 그 부산물이었다.[5] 물론 국공내전에서 북한이 중국 공산당을 지원한 데 대한 보답의 의미가 없는 건 아니었지만 말이다.

맥아더의 명령에 따라 압록강으로 진격하던 한국군과 UN군은 10월 25일부터 중국군의 공세에 맞닥뜨려 진격을 정지하고 청천강으로 물러설 수밖에 없었다. UN군의 진격이 재개된 직후인 11월 25일과 26일, 중국군이 18개 사단에 이르는 막대한 병력으로 서부전선을 공격하여 UN군의 방어선은 붕괴되었고, 이른바 '12월 후퇴'가 이루어졌다. 12월 26일, 중국군과 북한군은 삼팔선을 넘어 남진을 시작했다. 그리고 1월 4일에는 다시 수도 서울을 점령했다.

북한과 중국 사이의 갈등

양국의 불신이 깊어지다

북한과 중국 지도부는 한국전쟁 과정에서 여러 문제를 두고 반목했고, 이는 전후 불신과 갈등으로 이어졌다. 중국군의 참전 후 김일성은 북한군 작전지휘권을 중국군 사령관 펑더화이에게 넘겼다. 북중 군대 간 연합 작전의 효율성을 높여야 한다는 중국 지도부의 판단에 따른 것이었다. 김일성은 처음에는 반발했으나 스탈린이 중국을 편들자 어쩔 수 없었다. 이 일로 김일성은 모욕감을 느낀다. 본디 연합사령부 창설 후 작전 및 전선에 속한 모든 지휘는 연합사의 몫이 되기 때문이다.

이후 김일성은 전쟁 수행을 둘러싸고 중국군 지휘부와 여러 차례 충돌했다. 대표적인 사례가 1950년 말 공산군의 3차 공세였다.

소위 '1·4 후퇴'로 널리 알려진 이 공세에서 북중 연합군은 서울을 점령하고 37도 선까지 남하했다. 북한군 세 개 군단도 연합사의 지휘 아래 최선봉에 섰다. 그런데 펑더화이는 1월 8일에 전군 추격 정지 및 휴식 명령을 내렸다. 그러자 김일성이 발끈했다. 그는 박헌영과 함께 펑더화이를 만나 부대의 휴식 시간을 단축하고 계속 남진할 것을 요구했다. 그러나 펑더화이는 적군 현황과 지원군의 난관을 설명하면서 남진을 거부했다. 이날 북중 지도자들은 심각한 논쟁을 벌였다.[6] 결국 작전지휘권을 가진 연합사 지휘부의 뜻대로 되었다. 게다가 연합사 구성 이후 중국군 쪽에서 북한군을 비하하는 분위기도 있었다. 이런 사태를 겪으면서 중국 지도부와 중국군에 대한 김일성의 불신은 커졌다.

마오쩌둥을 비롯한 중국 지도부 역시 전쟁을 겪으면서 김일성 등 북한 지도부에 대한 불만이 쌓였다. 마오쩌둥과 중국 지도부는 1950년 5월 당시 북한의 남침 문제를 협의하기 위해 베이징을 방문한 김일성에게 전쟁 개시에 대해 신중한 반응을 보였는데도 전쟁이 일어났고, 이 전쟁에 어쩔 수 없이 참전하여 엄청난 손실을 보았다는 피해의식을 가지고 있었다. 게다가 마오쩌둥은 중국군의 러시아어 통역장교로 참전했던 장남 마오안잉毛岸英을 한국전쟁에서 잃었다. 이러한 상황에서 북한의 태도가 중국 지도부의 마음에 들지 않았고, 불신이 깊어졌던 것이다.[7]

1951년 3월 말, 다시 삼팔선 부근에서 전선이 교착되었다. 마오쩌둥은 1951년 5월 말에 중공 중앙회의에서 한편으로는 싸우면서 다른 한편으로는 협상하기로 했다. 반면 김일성은 마오쩌둥의 전쟁 장기화 계획에 반대하고, 1951년 6~7월에 총공격하자고 했다. 스탈린은 마오쩌둥의 손을 들어줬다. 1951년 6월 23일, UN 주재 소련 대사 야고프 말리크Yakov Malik가 공식적으로 휴전을 제안했고 1951년 7월 10일에는 본격적인 휴전 회담이 시작되었다. 1951년 7월 27일, 마오쩌둥은 김일성에게 미국이 현재의 전선을 휴전선으로 고집할 경우 중국은 미국에 양보할 수 있다고 통보했지만 김일성은 즉각 반대했다. 마오쩌둥에 대한 김일성의 태도는 냉담해졌다.

또, 1951년 7월에 휴전협상이 시작된 후 중국은 북한의 철도에 대한 통제권을 계속 행사하겠다고 주장했다. 북한은 이에 반대하고 철도 통제권을 회수하고자 했다. 이 갈등 또한 양측의 불신을 키웠다.[8]

1952년 2월, 판문점 협상에서 정전협정을 체결한 후 90일 이내에 관련 국가가 회의를 개최하여 북한 문제를 해결하기로 합의했다. 당시 마오쩌둥은 전쟁을 계속하자고 주장했고, 김일성은 반대로 미국의 정전 조건을 받아들여 정전협정이 속히 체결되길 바랐다.

북한이 1952년 5월까지 빨리 정전협정을 체결하려 했던 이유는 경제 문제였다. 미국 공군의 전방위 폭격으로 북한이 엄청난 피해를 입었기에 김일성은 한국전쟁에서 승산이 없다고 판단했다. 하루 속히 전쟁을 끝내고 경제 건설을 추진해 통치 기반을 공고히 하는 게 낫다고 본 것이다.

또 포로 송환 문제에 있어서도 북한은 미국의 자유 송환 원칙을 수용하고 중국의 자동 송환 원칙에는 찬성하지 않았다. 포로의 의사를 물어보고 원하는 이들만 송환하자는 미국의 방식을 수용하고, 포로는 무조건 송환하자는 중국의 방식을 거부한 것이다. 이렇게 북중 간의 견해가 또 한 번 충돌했다. 스탈린이 중국의 입장을 지지하자, 김일성은 다시 한 번 위축됐다.

휴전 후, 북한은 한국전에서 중국의 기여도를 최소화하려고 선전했다. 중국에 대한 불신과 불만도 있었겠지만 외국의 도움으로 전쟁을 치렀다는 사실을 부각시키고 싶지 않아서였다.[9]

전후 북중 갈등의 격화

전후 북한과 중국 지도부 간의 갈등은 깊어졌다. 중국은 김일성이 중국 관련 인물들을 무자비하게 숙청하는 데 여러 차례 반대했지만, 김일성은 이를 묵살했다. 마오쩌둥은 김일성이 중국과 소련에 적대적이라고 생각할 정도였다.

김일성은 중국 지도부에 불만이 많았다. 이미 한국전쟁 때 작전 지휘권을 뺏기는 수모를 겪은 김일성은 전후에도 중국이 북한 내정에 간섭하려 든다고 여겼다. 그는 연안파를 통해 이 간섭이 이뤄진다고 보고, 1955년 12월에 중국을 등에 업고 세력 확장을 꾀했다는 혐의로 연안파 주요 인물인 박일우를 숙청했다. 그는 연안파와 소련파를 주체성이 없는 사대주의자, 교조주의자로 매도했다.

게다가 북한에 주둔하던 중국 인민지원군은 북한에 많은 문제를 일으키고 있었다. 1954~1956년 8월에 중국 인민지원군이 북한 정부 인사와 주민을 불법 구금하고 모욕한 사건이 총 355건이나 발생했다.[10] 중국군의 오만한 태도와 위법행위를 접한 북한 인민들은 중국군을 점령군으로 여기고 큰 굴욕감을 느꼈다. 이처럼 전후 북중 관계는 여러 방면에서 깊은 갈등 상황으로 빠져들었다.

북한과 중국 간에 골이 깊어진 상황에서 양국은 돌연 중국 인민지원군 철수에 합의했다. 1956년 가을에 발생한 '8월 종파사건'에 대한 중국과 소련의 개입과 헝가리 혁명이 계기였다.

8월 종파사건은 자세히 알아둘 필요가 있다. 해방 후 북한 정계에는 일제 강점기에 만주에서 활동한 김일성의 빨치산파뿐만 아니라 중국에서 항일운동을 한 연안파와 소련에서 들어온 인물, 국내 공산주의 세력 등 다양한 세력이 경쟁하고 있었다.

초기에는 이들이 권력을 공유했다. 연안파는 해방 후 북한 정권 출범 과정에서 중요한 역할을 했다. 연안파와 가까운 중국이 한국전쟁 당시에 지원군을 보내 북한을 도왔고, 1956년에도 수많은 중국군이 북한에 주둔하고 있었다. 하지만 전후에는 연안파도 김일성 세력의 강력한 견제 속에 정치적 힘을 잃었다.

김일성의 권력 강화와 숙청 과정에서 비김일성 세력은 김일성에 대해 반감을 가졌다. 바로 그 무렵인 1956년 2월, 소련 공산당 20차 대회에서 소련 공산당 서기장 니키타 흐루쇼프Nikita Khryshchyov는 스탈린에 대한 개인 숭배를 비판했다. 국제 공산주의 운동의 심장부에서 벌어진 이 사건은 각국 공산당에 큰 충격을 주었다. 북한에서도 김일성의 권력 독점에 불만을 가지고 있던 인사들이 소련 공산당의 변화에 환호했다. 이들은 1956년 봄부터 본격적으로 반김일성 운동에 나섰는데, 연안파가 전면에 섰다.[11]

반대파의 도전은 1956년 8월 30일에 열린 당 중앙위원회의 8월 전원회의에서 이루어졌다. 그러나 반대파의 거사는 실패했다. 북한은 이 일을 '8월 종파사건'이라고 부른다. 김일성 반대운동을 주도한 윤공흠·서휘·이필규·김강 등은 중국으로 도주했고, 북한은 이들의 송환을 요구했으나 중국 측이 거부했다. 김일성의 독재와 노선에 불만을 갖고 있던 중국과 소련은 이 기회를 틈타 김일성을 견제하기 위해 신속하게 북한에 간섭했다.

1956년 9월 23일, 중국의 펑더화이 국방부장과 소련의 아나스타스 미코얀Anastas I. Mikoyan 부수상의 요구를 거부하지 못한 김일성은 조선노동당 중앙위원회 전원회의를 열어 최창익, 박창옥의 중앙위원직을 회복시키고 출당자의 복당을 결정했다. 8월 전원회의의 결정을 번복한 것이다. 이렇듯 김일성은 중국과 소련의 압력으로 수모를 겪었지만 권좌는 지켰다. 김일성은 8월 종파사건을 수습하는 과정에서 중국과 소련이 북한 내부에 영향력을 행사하려 했다는 이유로 두 강대국에 대해 강한 불만을 품고 본격적으로 '주체'를 강조하기 시작했다.

이 사건을 계기로 북한은 소련보다 중국과 관계가 더 나빠졌다. 소련은 북한의 정치에 개입하긴 했지만 1956년 7월 '제1차 경제개발 5개년 계획'에 원조를 제공하기로 했었는데, 중국은 이마저 거절했던 것이다. 중국이 김일성에게 얼마나 불만을 가졌는지 가늠할 수 있다. 김일성은 이 사건을 계기로 북한에 주둔하던 중국군을 철수시킬 필요성을 느꼈을 것이다. 중국군은 북한 정권에 대한 잠재적 위협이 되었다.

대등한 관계 정립에 나선 김일성 정부

1956년의 동유럽 자유화 운동과 소련군이 헝가리 인민 봉기를 강제로 진압한 헝가리 혁명은 북한에 주둔한 중국군 철수의 직접적인 계기가 되었다. 1956년 10월, 헝가리에서 발생한 인민 봉기로 친소 정부가 무너지고 반소 노선의 신정부가 탄생했다. 그러나 소련은 1956년 11월 4일, 현지에 주둔하던 소련군을 동원해 인민 봉기를 무력 진압했다. 헝가리 시민 수천 명이 저항하다가 사망했고 헝가리 너지 임레Nagy Imre 정권은 붕괴됐다.

헝가리 주둔 소련군이 헝가리 정권을 무너뜨린 사실에 북한은 놀랐다. 김일성은 이 사태를 통해 중국이 인민지원군을 동원해 북한에 개입할 수도 있다는 불안감을 느꼈을 것이다. 1956년 11월 30일, 마오쩌둥은 유딘Pavel F. Yudin 중국 주재 소련 대사에게 "헝가리 혁명이 발생한 후 북조선 동지들이 우리를 믿을 수 없다고 생각할 수 있다"라고 밝힌 바 있다.[12]

결국 김일성은 헝가리 사태 직후 북한에 주둔한 중국 인민지원군의 철수를 중국에 요구했다. 그리고 중국이 김일성의 제안을 수용함으로써 1958년에 전격적으로 중국 인민지원군의 철수가 이루어지게 되었다. 중국은 북한 인민과 정부의 요청이 있다면, 지체 없이 다시 압록강을 건널 것이란 단서조항을 달고 인민지원군 철수를 단행했다. 중국 인민지원군은 1958년 3~4월 두 달에 걸쳐 여섯 개 사단 8만 명, 7~8월에 여섯 개 사단 및 특수부대원 10만 명을 철수시켰고, 9~10월에 후방 공급부대 7만 명을 철수시켰다. 이로써 8년 만에 중국 인민지원군은 북한에서 모두 철수했다.[13]

중국군의 전격적인 철수는 분명히 북한의 안보를 위험하게 만들었다. 그러나 김일성은 국가 안보보다 중국군의 철수로 인해 보장되는 정권의 안전을 선택했다. 이 철군으로 북한에 대한 중국의 정치적 영향력은 급격히 약화됐다. 북중 관계도 수평적 관계로 바뀌었다. 이후에도 북중은 대외적으로는 긴밀하게 협력하면서도 종종 사상과 노선 등을 둘러싸고 갈등을 일으켰는데, 그럴 때마다 북한은 중국의 내정간섭을 더 강하게 배척하고 정치적으로 대등한 관계를 추구했다.

한편 한국전쟁 후 중국의 대북 원조는 소련을 능가했다. 중국은 북한의 전후 복구 사업을 지원하며 영향력을 키워갔다. 1954~1957년에 중국은 3억 2천만 달러의 무상 원조를 제공했다. 이 기간에 북한과 중국은 열다섯 차례에 걸쳐 정상급 회담을 진행했다.[14]

중국과 소련의 대립, 북한의 등거리 외교

소련과 중국 사이에 선 북한

1956년 2월, 소련 공산당 20차 당대회에서 흐루쇼프는 자본주의 진영과의 평화 공존을 주장하면서 스탈린을 격하하는 움직임을 보였다. 이는 중소 갈등이 싹트는 계기가 됐다. 이후 1960년 소련은 중국에 자국 고문단과 전문가들을 귀국시키겠다고 일방적으로 통보하고, 1960년 하반기부터 모든 교류를 단절했다. 중국에 대한 경제 및 안보 지원도 끊었다. 중소 대립이 본격화됐다.

중소 관계가 날로 악화되자, 중국과 소련은 북한을 서로 자신의 세력권에 묶어두려 노력했다. 이로써 김일성은 이들과 협상할 때 유리한 입장에 섰는데, 이는 북한의 전략 문화를 형성하는 데 중요한 경험이 된다.

1960년, 모스크바 회담에서 흐루쇼프는 김일성에게 마오쩌둥의 과거 발언을 전했다. 1956년에 마오쩌둥은 소련 대사에게 김일성이 축출돼야 한다고 했었는데 그 일을 김일성에게 얘기한 것이다.[15] 한편 중국은 같은 해 대약진운동*으로 심각한 기근에 시달리던 때였는데도 북한에 식량 23만 톤을 제공하고, 1962년에는 북한에 유리하게 국경선을 정하기도 했다. 북한을 달래려던 것이었다. 이 가운데 북한은 어느 한쪽으로 기우는 대신 등거리 외교를 펼쳤다. 1961년 7월, 5일 간격으로 양국과 각각 상호방위조약을 체결한 것이다. 이로써 북한은 중국군 철수로 인한 안보 공백을 다소 메울 수 있었다.

이 시기 북한은 양국에 표면적으로는 중립이었지만 실제로는 흐루쇼프의 스탈린 개인 숭배 비판에 대한 불만 탓에 중국에 더 우호적이었다. 중소 대립으로 중국이 국제 공산주의 운동에서 더욱 고립될 때, 북한의 지지는 중국에 있어 중요했다.

1962년 쿠바 미사일 위기 후로 북한은 중국에 더 기울었다. 북한은 쿠바 같은 약소 동맹국을 위해 맞서지 못한, 수정주의 국가 소련에 불만을 품었다. 소련이 미국과 대결에서 꼬리를 내린 것으로 여긴 것이다. 그러나 북한과 소련은 1964년에 흐루쇼프가 실각한 후 신속히 관계를 회복했다. 북한으로선 소련의 군사 원조와 경제 지원이 필요했기 때문이다.

● 1958년부터 추진한 철강 및 농작물의 대대적 증산 운동. 소련에 의존하지 않는 중공업화와 인민공사 건설을 목표로 했지만 실패했다.

엎치락뒤치락한 북중 관계

1966년, 중국에서 일어난 문화대혁명으로 북중 관계는 급격히 나빠졌고, 1967~1969년에는 최악이었다. 당시 활동했던 학생조직인 홍위병은 김일성을 친소련 수정주의자라고 비난했다. 국제 공산주의 운동에서 마오쩌둥을 리더로 인정하지 않았다는 게 그 이유였다.

김일성은 중국의 문화대혁명을 좌파 모험주의라고 비난했다. 홍위병은 조선족을 겨냥해 비판하고 공격하기도 했다. 북한은 절제된 방식으로 대응했지만, 내부에서는 마오쩌둥을 "제정신이 아닌 늙은 바보"라고 비아냥거렸다.[16] 국경에서는 중국군이 국경을 넘어 잠시 북한 마을을 점령하기도 했고 국경 부근에서 선전전을 벌이기도 했다.

그러나 관계 악화로 인한 부정적 효과를 인식하자 북중 양국은 관계를 개선하려 했다. 마침 1968년 1월, 북한과 미국 사이에 큰 위기가 발생했다. 미군 정찰선 푸에블로호와 그 선원들이 북한에 나포된 것이다. 이때 중국은 북한을 지지하는 성명을 발표했다. 실질적으로 관계 회복을 위한 디딤돌을 놓은 것이다.

북중 관계를 복원하는 계기가 된 사건이 뒤이어 발생했다. 1969년 3월, 우수리강의 전바오섬에서 중국과 소련 사이에 군사 충돌이 발생했고, 그해 8월에는 신장에서 양국 군대가 유혈 전투를 벌인 것이다. 소련 지도자들은 중국에 대해 선제 핵공격을 검토하기도 했다.[17] 중국 지도자들은 중국의 외교 및 안보 전략을 크게 바꿔

사진 11 1971년 7월 조선민주주의인민공화국과 중화인민공화국의 우호협력상호원조조약 체
결식. 김일성 국방위원장(왼쪽)과 저우언라이 총리(오른쪽)가 악수하고 있다.

야 한다고 생각했다. 중국은 외교적 고립과 곤경을 타개하기 위해
미국과 관계를 개선할 필요도 인식했다.

1969년 4월, 중국 공산당 9차 당 대회가 끝난 후 문화대혁명
의 급진적 국면은 끝났다. 소련과 중국은 군사적 적이 되었기 때문
에 중국은 소련에 대항하기 위해 북한과의 관계 개선이 절실했다.
북한의 입장에서도 안전보장 측면에서 중국의 협력이 필요했다.
1969년 9월, 중국은 건국기념일에 원래는 예정에 없던 북한 측 고
위인사를 급히 초대했다. 먼저 화해의 손을 내민 것이다. 그 결과
10월 1일, 최용건이 북한 국가원수 자격으로 중화인민공화국 창건
20주년 기념행사에 참석했다.

중국과 북한과의 관계는 개선되기 시작했다. 1970년 4월, 저우
언라이는 북한을 방문했다. 그의 주요 임무는 평양을 모스크바에

서 베이징으로 돌아서게 하는 것이었다. 중국과 북한의 관계는 문화대혁명 기간의 냉랭함에서 빠르게 회복되었다.

1970년 10월, 김일성이 비밀리에 중국을 방문했다. 영빈관에서 김일성을 접견한 마오쩌둥은 김일성을 서방의 어느 방문객보다도 극진히 대접했다. 마오쩌둥은 중국의 급진적 정책에 대해 자아비판을 했고, 지난 몇 년간 김일성에 대해 했던 중국의 비판을 철회했다. 중국은 문화대혁명 동안 중단되었던 대북 지원을 재개하면서, 미국과의 화해가 본격화되기 전에 북한과의 훼손된 다리부터 수리했다.[18]

미국과 중국의 화해에서
기회를 엿보다

미중 화해 국면을 이용하려 한 북한

1969년 1월에 출범한 닉슨 정부는 베트남 전쟁에 대한 대대적인 반전 여론 등으로 인해 기존 대외 정책을 수정해야 했다. 7월에는 괌에서 닉슨독트린을 발표했는데, 그 주요 내용은 동아시아 지역에서 중요한 역할을 계속하지만 직접적이거나 군사적·정치적 과잉 개입은 하지 않고, 아시아 각국의 자주적 행동을 옆에서 지원한다는 것이었다. 이는 미군의 베트남 철수를 명시했을 뿐 아니라 한반도 정책에도 반영되어 1971년 6월까지 6만 3,000명의 주한미군 중 2만 명이 철수했다.

미국과 중국은 서로의 필요에 의해 대화를 시작한다. 1971년 7월 국가안보보좌관 키신저가 비밀리에 중국을 방문해 저우언라이와 회담한 것이 미중 관계 개선을 향한 여정의 출발이었다. 저우 언라이는 평양을 방문해 미국과 대화한 사실을 알렸다. 김일성은 처음에는 충격을 받았지만, 중국과 미국의 관계 개선을 배신으로 여기지는 않았다. '미 제국주의자'에 맞서기 위해 중국에 의존했던 공산주의 동맹국, 북베트남이나 알바니아가 미국과의 대화를 끝내 반대했던 것과는 달랐다. 오히려 미국과 중국의 화해 국면을 이용해 한국에서 주한 미군을 철수시키고 한반도 통일의 기회를 포착하려 했다.[19]

김일 북한 부총리는 7월 30일에 중국을 방문해 북한이 요구하는 8개항을 중국 측에 알리고 이를 미국 측에 전달해 줄 것을 요청했다. 하지만 저우언라이로부터 북한이 요구하는 8개항을 전달받은 키신저는 날카롭게 반박하고 무시했다. 그에게 북한 문제는 우선순위에서 한참 밀렸던 것이다.

1972년 1월 26일, 박성철 부총리를 단장으로 하는 북한 외무성 대표단이 베이징으로 날아갔다. 그들은 중국 인사들과 함께 닉슨 대통령 중국 방문 시 회담에 대비해 한반도에 관한 부분을 준비했다. 대표단의 몇몇 구성원은 2월 말 닉슨 대통령이 베이징에 있을 때에도 베이징에 머물렀으나, 닉슨의 방중 기간 중 미국 대표단이 북한 대표단과 직접 회담한 적은 없었다.[20]

중국은 미국과 화해를 추구하면서 북한을 소외시키면 북한이 소련으로 기울 것을 우려했기에, 미국과 중국의 화해가 북한이 주도하는 한반도 통일에 도움이 될 것이라며 김일성을 설득했다. 그래서 미중 회담에 한반도 문제를 포함시키려고 시도하면서, 중국이 북한의 이익을 중요하게 여기는 모습을 보이려고 했다. 또한 중국은 미국과의 협상에 대한 북한의 우려를 완화하기 위해 북한과 군사 협력을 강화했다.

김일성-덩샤오핑 회담에서 드러난 균열

1972년 3월, 저우언라이는 닉슨 대통령의 방문 중 미국과 중국의 협상에 대해 김일성에게 설명하기 위해 평양으로 갔다. 특히 그는 일본군이 한반도에 진입하는 일을 허용하지 않을 것이라는 닉슨의 암묵적 동의를 언급했다. 김일성은 중국이 상하이공동성명에서 북한의 입장을 지지한 것에 만족했지만, 이후의 진행 과정을 보면 북한의 기대와 달리 미국과 중국은 한반도 문제를 UN 등에서 적극적으로 다루지 않았다. 북한은 중국을 의심했고, 미국과 직접 접촉하려고 여러 차례 시도하지만 실패했다.

중국의 도움을 받거나 미국과 직접 접촉해서 한반도를 주도적으로 통일하려던 시도가 여의치 않자, 북한은 직접 공세를 펼쳤다. 1975년 4월, 베트남 전쟁이 공산당의 승리로 끝나가는 상황에 김일성은 공식적으로 베이징을 방문했다. 그는 공개석상에서 아시아는 '혁명의 고조'에 있다고 선언하며, 한반도에서 통일이 가능하다고 외쳤다.

하지만 중국은 북한을 도울 생각이 없었다. 당시 베이징 주재 미국 연락사무소장이었던 조지 H. W. 부시는 4월 24일 자신의 일기에 "김일성이 한국에 대해 호전적으로 이야기했지만, 중국은 이를 경시하는 것 같다"라고 기록했다. 김일성을 만난 마오쩌둥은 정치 문제에 관해서는 부총리인 덩샤오핑과 대화하라고 했지만, 덩샤오핑은 중국이 김일성의 혁명 전쟁을 지원할 수 있는 상황은 아니라고 선을 그었다.[21]

중국은 한반도 문제가 미국과의 관계에 영향을 미치는 것을 원하지 않았다. 당장 소련과 대항하기도 벅찬 상황에 북한의 새로운 군사행동이 달갑지 않았던 것이다. 이렇듯 중국은 북한의 남한 공격을 지지하지는 않았지만 동맹국과 소원해지는 것을 원하지는 않았다. 그러려면 북한에 더 많은 무기를 제공해야 했다. 1975년 김일성-덩샤오핑 회담에서 드러난 양국 간 균열이 갖는 의미는 컸다. 이는 중국이 한반도에 대해 혁명적 변화보다는 현상 유지를 선호함을 뜻했다. 중국의 새로운 태도는 1976년 마오쩌둥의 사망 후 더 뚜렷해졌다.

중국의 개혁개방, 북한의 정체

건국 이후 30년간 북한과 중국의 경제 운영 성과는 크게 차이가 났다. 1976년 무렵, 마오쩌둥의 변덕스러운 정책으로 중국 경제는 엉망이 되었다. 북한 지도부는 자국의 체제가 중국보다 우월하다고 확신했고, 중국의 방식은 피하는 게 좋다고 여겼다.

1970년대 후반에 덩샤오핑이 최고지도자가 된 후 중국 경제의 근대화를 우선적 과제로 내세우며 개혁개방을 추진한 덕에 중국은 과거 혁명적 국가의 길에서 벗어났다.

당시 중국은 세계 냉전이 끝나기 전에 이미 한국과 관계 개선의 타당성을 검토하기 시작했다.[22] 하지만 북한 지도자들은 새롭고 실용적인 중국의 접근 방식을 좋게 보지 않았다. 이러한 중국의 노선을 따르면 외부 압력과 간섭에 취약해질 것이라고 생각했기 때문이다.

또, 덩샤오핑 노선을 따르면 중국은 북한의 적인 미국과 일본에 그 운명을 맡기게 될 테고, 그런 상태가 경우에 따라 중국이 북한의 이익을 침해할 위험도 커질 것으로 보였다. 게다가 개혁개방이 중국이 이전에 실험한 정책보다 더 성공적일 거라는 보장도 없었다. 김일성은 중국이 성공에 집착하다 보면 북한의 이익과 안보를 해칠 수도 있다고 우려했다.[23]

북한이 중국을 불신하게 만든 또 다른 사건이 있었다. 1979년에 중국이 베트남을 침공한 것이다. 중국은 1950~1975년에 20년 이상 베트남에 약 200억 달러 이상의 경제 및 군사 원조를 제공했고, 1960년대에는 32만 명의 군대를 파병했다. 그런데 베트남이 1978년에 소련과 우호조약을 체결하자, 그해 2월에 베트남을 '동양의 쿠바'라고 부르며 침공한 것이다. 한때 동맹이었던 국가를 침공하는 것을 본 북한은 중국에 대한 신뢰를 잃었다.[24]

한편 미국과 서방의 도움을 받은 중국은 덩샤오핑의 주도로 적극적인 개혁개방을 추진했다. 중국은 점차 국제사회로 통합됐다. 정치적으로 공산당 지배 체제는 유지되었으나 전체주의라기보다는 권위주의적 체제에 가까웠다. 반면 북한은 '우리식 사회주의'를 표방하면서 사회주의 계획경제를 포기하지 않으려고 했고, 정치적으로는 최고영도자의 유일 지배 체제하에서 권력세습을 추진했다.

그렇지만 중국의 변화가 일정한 성과를 내자, 이를 외면하기는 어려웠던 북한도 1980년대 초에 중국과 비슷하게 개방을 시도했다. 중국을 모방해 1984년 「합작회사운영법」을 반포한 데 이어서 「외환관리법」, 「자유무역구법」 등을 제정했다. 그러나 자력갱생을 근간으로 하는 북한의 변화에는 한계가 있었다. 양국 간의 근본적 차이가 드러났다. 이런 차이로 인해 중국이 북한의 태도와 정책에 영향을 미치기는 더 어려워졌다.

냉전의 붕괴, 북한의 고립

한국, 소련과 수교하다

마침내 냉전이 막바지에 이르렀다. 1989년 동독이 붕괴되고 다음 해에 독일은 통일된다. 사회주의 종주국이었던 소련에서는 1985년 공산당 서기장으로 취임한 고르바초프가 급진적 개혁을 밀어붙였고, 급기야 1990년 9월 30일에 소련은 한국과 수교를 하기에 이른다.

1991년이 되자, 북한과 주변국들 간의 관계가 명백히 달라졌다. 그전까지는 통일 전에 남북한의 개별적 UN 가입을 불허해야 한다는 북한의 입장에 동조했던 소련과 중국은 한국의 UN 가입을 더 이상 반대하지 않았다. 이렇게 되자 북한도 어쩔 수 없었다. 1991년 9월 17일, 남북한은 UN에 동시에 가입했다.[25]

사진 12 1991년 남북 UN 동시 가입을 축하하는 행렬.

그 무렵 김일성은 소련이 미국과 새로운 관계를 맺으려 결심했음을 간파하고, 앞으로 북한에 직접 도움을 주기도 어려울 것이라고 판단했다. 소련이 더 이상 미국과 중국에 대한 대항 세력으로서 역할을 할 수 없다고 본 것이다. 김일성은 중국도 더 이상 믿을 만한 보호자가 아니고, 불확실한 파트너라고 생각했다. 북한의 상황은 더 어렵고 위험해졌다. 이 같은 판단하에 김일성은 북한의 안보 유지의 유일한 방법은 원자폭탄을 획득하고 이를 운반할 수단을 얻는 것이라고 믿었다. 이런 능력을 얻기 위한 프로그램은 구축돼 있었다. 그는 외교 전략과 병행해 이를 추진했다.[26]

1990년부터 북한은 안보 위협을 줄이기 위해 우호적 외교 공세를 펼쳤다. 가장 위험한 적국인 미국과의 관계 개선이 가장 어려웠기에 북한은 우선 한국과 관계 개선을 시도했다. 1990년 5월, 남북 자유 왕래와 전면 개방, 평화통일을 위한 남북대화의 발전 등을 내용으로 하는 '조국 통일 5개 과제'가 발표됐다. 남북한은 한반도 평화를 위한 협상에 나섰고, 1991년 12월에 서울에서 열린 5차 남북 고위급 회담에서 '남북기본합의서'의 내용에 합의했다. 이 합의서는 1992년 2월에 효력이 발생했다.

또 다른 충격, 한중 수교

그런데 한반도에 또 다른 전환점이 다가왔다. 1992년 8월 24일, 한국과 중국이 수교를 한 것이다. 중국은 경제발전을 위해 한국의 경험과 투자가 필요했고, 대만을 국제적으로 고립시키려고 했다. 한국과 소련의 수교가 이뤄지고 얼마 안 된 시점이어서 북한이 느낀 외교적 충격은 더 강했다. 북한은 중국에 극도의 배신감을 느꼈고, 김정일도 "북한과 중국의 동맹은 끝났다"라고 언급했을 정도였다.[27]

북한은 중국 측에 '항의비망록'을 전달했다. 중국은 김정일에게 중국으로 와 덩샤오핑과 회담하자고 했지만 북한은 이를 거절했다. 김일성 생일 행사에 참석하기 위한 중국 고위급 인사의 평양 방문도 취소했다.

1993년 7월, 당시 정치국 상무위원이었던 후진타오가 방북한 것을 보면 알 수 있듯이 양국 관계가 완전히 단절된 것은 아니었다. 그러나 그후 1998년까지 양국의 고위급은 교류하지 않았다.

북한의 중국에 대한 실망이 얼마나 컸는지 알 수 있다. 이 시기 북한은 미국과의 관계 개선에 더 적극적으로 관심을 보였다.

한중 수교에 이은 양국의 빈번한 인적 교류와 경제 관계 진전으로 북한은 중국에 대해 거리감을 느꼈다. 북한은 중국의 개혁개방 정책을 '수정주의'라고 힐난했고, 중국과는 인문 교류조차 중단했다. 이후 북한의 '핵보유를 통한 안전보장'과 중국의 '한반도 비핵화' 주장은 서로 충돌했다.

김일성은 오랜 시간 중국과 관계했지만 중국을 불신했다. 수많은 일을 겪은 그에게는 중국이 자국의 이익을 중시하고 필요하면 언제든지 태도를 바꾸는 국가로 보였을 것이다. 그는 간부들과의 비공개 협의에서 "중국 사람들을 너무 믿다가는 자칫 등 뒤에서 칼을 맞을 수 있다"라고 말하기도 했다.[28] 온전히 믿을 수 없는 중국을 두고 돌파구를 찾던 김일성은 1994년 7월 8일, 파란만장한 역사의 길목에서 삶을 마감한다.

김정일 체제, 불신의 골이 깊어지다

김정일의 전략적 선택

김정일이 권력을 승계했지만, 아버지처럼 그도 중국을 불신했다. 더구나 그는 아버지와 달리 중국과 인간적 관계가 없었다. 김정일은 자라면서 중국이 북한을 홀대하는 데 훨씬 더 민감해졌다. 중국은 1980년에 김정일의 권력 승계를 봉건적 세습이라고 비난했다. 1992년, 중국이 한국과 수교했을 때 그가 느낀 배신감은 중국에 대한 불신을 더욱 키웠다.

북한은 김일성 사망 전부터 김정일 체제로 전환하기 위한 작업을 추진해 왔다. 김정일은 이미 1991년 12월에 조선인민군 최고사령관으로 추대되었고, 1992년 4월에는 조선민주주의 인민공화국의 원수라는 칭호를 얻었으며, 1993년 4월에 국방위원회 위원장으로 추대되었다. 최고지도자로 올라선 것이다.

김정일은 공교롭게도 북한 경제가 아주 어려울 때 권력을 승계했다. 1990년대 중반, 폐쇄된 경제를 고집하던 북한에 사회주의 국가들의 우호적 지원과 무역이 끊기자 대기근이 발생했다. 여기에 홍수와 가뭄이 더해져 피해는 엄청났다. 산업 생산은 대폭 줄어들었다. 1990년대 중반 북한의 경제난은 당시 두 자리였던 중국의 성장률과는 대조적이었다. 이 무렵 덩샤오핑의 개혁개방 정책은 효과를 내고 있었다. 1994년, 중국의 1인당 국민소득은 처음으로 북한을 넘어섰다.[29]

김정일은 김일성이 시작한 두 가지 전략을 이어갔다. 첫째는 핵무기 개발이었다. 이는 국제적으로 고립된 상황에서 안보를 위한 궁극적 대책이었다. 심각한 안보위기와 경제난에 직면한 북한은 국방력 강화에 매달렸다. 즉, 경제보다 군사를 중시하는 선군 노선으로 전환한 것이다. 둘째는 미국과의 관계 개선이었다. 그것만이 북한의 안보는 물론 경제 문제를 해결하는 지름길이었으며 나아가 중국을 견제할 수 있는 방안이었다.

북한은 한중 수교 이전부터 미국과의 관계 개선 필요성에 대해 인식하고 있었다. 북한은 1989년 베이징에서 미국과 접촉하면서 자신들의 핵개발 의혹에 대해 논의했는데, 이를 계기로 냉전 이후 초강대국으로 등장한 미국의 중요성을 깨달았다. 그러다 한중 수교 이후 본격적으로 대외 관계의 중심을 중국에서 미국으로 옮긴 북한은 행동에 나섰다. 1992년 1월, 북한 조선노동당 국제비서 김용순과 미국 국무부 차관 아널드 캔터Arnold Kanter가 만나면서 최초로 북미 고위급 회담이 개최되었다. 당시 북한은 미국과의 관계를 개선하겠다는 의지를 표명했다. 이 무렵 북한은 중국과의 관계 회복에는 소극적이었다.

북한 핵 문제의 국제화

국제원자력기구IAEA는 1992년 5월부터 1993년 2월까지 여섯 차례에 걸쳐 북핵 시설에 대해 임시 사찰을 실시했다. 그 결과, 북한이 신고한 플루토늄 추출량과 국제원자력기구의 추정치에서 차이가 발견됐다. 이와 관련해서 특별 사찰 문제가 불거지자, 북한은 1993년 3월에 NPT를 탈퇴하겠다고 선언했다. 이에 미국은 UN 제재를 추진하면서 항공모함을 보내 북핵 시설 타격 작전을 세우기도 했다. 한반도의 위기감이 한껏 고조됐다.

이런 상황에서 전 대통령 지미 카터가 개인 자격으로 북한을 방문해 김일성과 회담하여 핵동결 의사를 확인했다. 급한 불은 끈 것이다. 그 직후 북한과 미국은 고위급 협상을 통해 핵 문제를 외교적으로 해결하기로 했다.

이후 북한과 미국은 1년 반에 걸친 줄다리기 협상 끝에 1994년 10월 스위스 제네바에서 핵합의문에 서명했다. 합의문의 주요 내용은 크게 네 가지다.

첫째, 흑연감속로를 경수로로 대체하기 위해 상호 협력하기로 했다. 둘째, 북미 간 정치 및 경제 관계의 완전 정상화로, 쌍방은 합의문 서명 후 3개월 내에 통신 및 금융 거래를 포함해 무역 및 투자 장벽을 완화하기로 했다. 또 영사 및 실무적 문제를 해결한 후 연락사무소를 개설하고, 공동 관심사가 진전되면 대사급으로 격상하기로 했다.

셋째, 한반도의 비핵화와 평화 및 안보를 위한 공동 노력으로, 미국은 북한에 핵무기를 사용하지 않고 위협하지도 않는 대신, 북한은 한반도 비핵화에 관한 남북 공동선언 이행을 위한 조치를 취하기로 했다. 넷째, NPT 체제 강화를 위해 협력하기로 했다. 북한은 NPT에 잔류하고 핵안전협정을 이행하며 '경수로 공급협정'에 서명하는 즉시 동결 대상이 아닌 핵시설에 대한 국제원자력기구의 임시 및 정기 핵사찰을 받아들이기로 했다. 특히 북한은 경수로의 상당 부분이 완공된 후 핵심 부품이 도착하기 전에 국제원자력기구의 사찰을 받기로 했다.

제네바합의는 북한이 NPT 탈퇴라는 벼랑 끝 전술을 활용하여 외교적 고립에서 벗어나고 대미 관계를 개선하는 계기가 됐다. 북한은 중국과 관련한 자신들의 전략적 가치를 미국 측에 은근히 내비치기도 했다. 실제로 1995년 7월에 평양을 방문한 미국의 대표단에게 북한의 관리는 "미국이 최근 대두되는 중국의 힘을 견제하길 원한다면, 북한과의 관계를 정상화해야 할 것"이라고 했다.[30] 이것은 중국과 소련이 대결하던 시기에 북한이 중국과 소련 사이에서 등거리 외교를 했던 경험에서 비롯한 발상이었을 것이다.

하지만 제네바합의는 초기부터 삐걱거렸다. 북한의 경수로 지원을 위해 국제 컨소시엄인 한반도에너지개발기구KEDO가 설립되고 북한에서 원전 건설을 위한 기초 공사가 시작됐지만, 제네바합의가 이뤄진 다음 달 실시된 중간선거에서 상하 양원을 장악한 미국 공화당은 경수로 사업 등 클린턴 정부의 대북 정책에 대해 강력히 제동을 걸었다. 합의했던 무역 및 투자 규제 완화와 연락사무소 개설 등은 논의조차 되지 못했다.

평화협정 공세와 4자회담 제안

제네바합의를 전후해서 북한은 정전협정을 평화협정으로 전환하자고 본격적으로 제안했다. 우선, 북한은 제네바합의 몇 달 전이던 1994년 4월 28일에 외무성 기자회견을 통해 정전협정을 폐기한다는 성명을 발표했다. 북미 간의 적대 관계를 해소하고 한반도에 진정한 평화와 안전을 보장하기 위해 정전 기구 대신에 평화보장 체계를 수립할 것을 요구하는 내용이었다.

북한은 1994년 5월 24일, 조선인민군 최고사령부가 군사정전위원회를 대신해 조선인민군 판문점 대표부 설치를 발표하고, 12월 15일에 중국 인민지원군 대표단은 북한에서 완전히 철수할 것을 요구했다. 이 요구의 1차 목적은 정전 체제 무력화였지만, 그 바닥엔 중국을 배제하고 미국과 한반도 문제를 직접 논의하겠다는 의도가 깔려 있었다.

이러한 북한의 정전협정 무력화 시도는 북중 관계에 부정적 영향을 미쳤다. 이에 대해 중국은 북한의 정전협정 무력화 시도가 한반도 안정과 평화에 도움이 되지 않는다고 주장하며, 평화 체제 전환 시까지 휴전 체제가 유지돼야 한다는 입장을 고수했다. 중국은 한반도 문제 논의에서 자신들이 배제되고 북미가 직접 논의할 경우, 미국의 입김이 너무 커질 것을 우려했다. 중국으로서는 휴전 체제가 유지되는 편이 한반도 문제에 개입하기에 유리했다.

북한은 1996년 2월 22일 외무성 대변인 담화를 통해 "미국은 우리의 새로운 평화보장 체계 수립을 위한 제안에 긍정적으로 응해야 할 것이다"라면서 미국에 평화협정 체결을 공식적으로 요구했다. 3월 8일에는 무력한 정전 체제에 대처하기 위해 미국에 대해 잠정 협정을 체결하자고 주장했다. 이에 응하지 않을 경우 최종적이며 주동적인 조치를 취할 것이라고 경고했다.[31]

한반도에 대한 영향력을 유지하려는 중국과 북미 간의 평화협정을 통해 중국을 배제시키려는 북한의 입장 차이는 1996년 4월 한미 양국이 제안한 4자회담 조율 과정에서 수면 위로 드러났다. 4자회담에 대한 북한의 첫 반응은 부정적이었고, 1년 이상 이 제의를 거부하지도 수락하지도 않았다. 북한이 주장하는 북미 '평화보장 체제' 대신 4자회담을 수용하면 한국과 중국이 한반도 문제에 관여하게 되는 것이 달갑지 않았기 때문이다. 반면 중국은 4자회담 제의를 환영하면서 적극적으로 참여 의사를 보였다.

4자회담 제의 후 1년이 다 되어가던 1997년 3월 5일, 북한은 뉴욕에서 개최된 4자회담 관련 설명회에 참가했다. 여기서 북한은 중국 대표가 참여하는 데 반대했다. 중국이 전적으로 북한 편에 서리라는 확신이 없었기 때문이다. 결국 4자회담은 결렬되었다.

점점 더 심화된 북한의 경제난

한편 1994년 이후로 북한 경제는 급격히 무너졌다. 한국은행의 추정에 의하면, 북한의 경제성장률은 1991년부터 1998년까지 마이너스를 기록했고 국내총생산은 30퍼센트나 감소했다. 북한이 2001년 UN아동보호기금UNICEF에 제출한 보고서에 따르면, 북한의 1인당 국민총생산은 1993년 991달러에서 1998년 457달러로 하락했다.

실제로 주요 부문 산업 생산량을 보면, 곡물을 제외한 대부분의 생산량이 1990년에 비해 1998년에는 절반 정도로 줄어 있었다. 특히 심각한 문제는 1990년대 초중반에 일어난 자연재해로 인한 식량난이었다. 1990년 이래 농업 생산성의 급격한 저하로 매년 130만 톤 이상의 식량이 부족한 상태였다.[32]

이 시기의 경제난은 러시아와 중국에서의 수입 감소와 경화 결제● 요구로 더욱 악화되었다. 소련 붕괴 후 새롭게 등장한 러시아는 1992년부터 원유 판매 시 경화 결제를 요구했다. 중국 역시 1992년

● 일반적 국제거래에서 결제수단으로 사용되는 외화를 외환(foreign exchanges) 또는 경화(hard currency)라고 한다. 미국의 달러화, EU의 유로화, 영국의 파운드화, 그리고 일본의 엔화 등이 대표적 경화로 유통된다.

1월에 체결된 무역 협정으로 북한에 경화 결제 방식을 요청했다.

냉전 이후 증가하던 북한의 대중국 무역 규모는 줄어들 수밖에 없었다. 1980년대 연간 5~6억 달러 수준이었던 북중 무역 규모가 1993년에는 9억 달러 수준으로 확대되었다가 1994년 북한의 경제난과 함께 축소된 것이다. 북중 간의 무역액은 1993년 8.99억 달러에서 1994년 6.24억 달러로 약 30퍼센트 감소했으며, 1995년에는 약 5.50억 달러로 다시 하락했다.[33]

중국은 1994년 동북 지방의 옥수수 흉작을 이유로 북한에 대한 옥수수 수출을 1993년의 약 4분의 1 규모로 줄였다. 1995년에는 약 20분의 1의 규모로 줄어 수출이 중단되다시피 했다. 북한은 경제적으로 힘든 시기에 중국이 옥수수 수출까지 대폭 축소해 북한의 식량 부족을 악화시켰다고 불만을 품었다.

그러다 1996년, 북한에 홍수로 큰 피해가 발생하고 식량난이 겹쳐서 수많은 아사자가 발생하자 중국은 더 이상 외면하지 못하고 북한을 다시 지원했다. 그해에 3,000만 위안화 상당의 긴급 물자와 12만 톤의 식량을 지원했고, 1997년에는 2,000만 위안의 무상 원조와 15만 톤 규모의 식량을 지원했다. 그러나 중국의 대북 지원 규모는 미국이 지원한 5,200만 달러의 식량과 500만 달러 상당의 긴급 의료 지원에 비하면 크지 않은 규모였다.[34]

이 시기 북중 관계는 한중 수교로 인한 부정적 영향이 여전해서 고위급 인사 교류는 끊겼다. 그러나 중국으로부터 경제 지원을 받을 수밖에 없었던 북한은 중국과 기본적 관계는 유지했다. 북미 관계가 개선되면서 중국 역시 한반도에 대한 영향력을 유지하려면 북한과 우호 관계를 유지할 필요가 있었다.

이에 따라 1992년 한중 수교 이후 악화되었던 북중 관계는 1995년부터 조금씩 개선되기 시작했다. 1995년 6월에는 탕자쉬안_{唐家璇} 외교부 차관이 북한을 방문했고, 1996년 7월에는 홍수 피해 지원을 요청하기 위해 홍성남 정무원 부총리가 방중하여 장쩌민 주석과 리펑 총리를 만났다. 1996년 7월에는 북중우호협력 조약 체결 35주년을 기념하여 중국 대표단이 북한을 방문하면서 양국 관계는 조금씩 개선되었다.

핵 문제로 난항을 겪다

북한의 정상외교

북한에서는 김일성이 생전에 남긴 뜻에 따라 통치하는 유훈통치 시대가 끝나고, 1998년 9월부터 김정일 국방위원장 체제가 공식 출범했다. 그런데 1998년 8월 북한의 광명성 1호 발사로 북미 미사일 협상에 난관이 생겼다. 이로 인해 북미 제네바합의가 좌초될 위기에 처하자, 북한은 미국 외의 나라로 눈을 돌렸다.

반면 1997년 미일 방위협력지침이 발표되고 미국과 일본이 전역미사일방위TMD 구상에 협력하기로 하는 등 군사력 확대가 가시화되자, 중국은 위기감을 느꼈다. 이런 일련의 움직임은 중국을 겨냥한 것으로 보였다. 주변국과의 관계 개선이 시급했다. 또한 북미 미사일 협상이 교착되었기에 북한의 도발을 방지하고 한반도를 안정화하려면 북한과의 관계를 개선할 필요도 있었다. 중국은 한중 수교 이후 고위급 회담이 열리지 않았던 북한과의 관계를 개선하는 데 적극적으로 나섰다.

1999년 6월, 김영남 최고인민회의 상임위원장이 중국을 방문했다. 북한 최고위급 지도자로는 1991년 김일성이 방문한 이후 7년 7개월 만이었다. 당시 중국은 식량 15만 톤과 철강 생산에 사용되는 석탄인 코크스탄 40만 톤을 지원하겠다고 약속했다. 1999년 10월에는 중국 탕자쉬안 외교부장이 북한을 방문하여 북중 관계 회복이 가시화되었다.

2000년 1월 1일, 김대중 대통령이 한반도 냉전 종식을 위한 남북 화해 협력을 강조했다. 그는 이후 2000년 3월에 독일을 방문했을 때 대북 경제 지원, 평화 정착, 이산가족 문제 해결 및 당국 간 대화 등을 포함하는 '베를린 선언'을 발표했다. 곧이어 2000년 6월에 김대중 대통령과 김정일 위원장의 역사적인 최초의 남북정상회담이 열렸다.

남북정상회담 개최 합의는 북중 관계에 큰 영향을 주었다. 첫 남북정상회담을 불과 10여 일 앞둔 2000년 5월 29일, 김정일은 특별열차 편으로 중국을 방문했다. 이 회담에서 장쩌민은 양국 관계 발전을 위한 제안을 했다. 또 양국은 6월 개최 예정인 남북정상회담을 비롯한 국제정세에 대해 의견을 교환했다. 김정일은 중국 공산당이 중국의 실정에 맞는 개혁개방 정책을 실시하여 사회주의 현대화를 이루는 데 커다란 성과를 달성한 일을 축하했다.

사진 13 2000년 6월 14일, 북한의 백화원 영빈관에서 열린 1차 남북정상회담에서 악수를 나누고 있는 김대중 대통령과 김정일 국방위원장.

남북정상회담의 개최는 한반도뿐 아니라 동북아시아의 정세에 작지 않은 여파를 미쳤다. 우선, 북한의 대외적 위상이 높아졌다. 남북정상회담 이후 북한은 EU 국가들과 관계 정상화를 시작하는 등 국제외교에서 성과를 거뒀다. 북미 관계도 개선되었다.

2000년 10월 9일에는 조명록 차수가 미국을 방문하여 클린턴 대통령을 만났고, 10월 23일에는 미국 최초의 여성 국무부 장관인 매들린 올브라이트가 장관급 인사 중에서는 처음으로 북한을 방문했다. 김정일은 올브라이트 장관의 숙소인 평양 백화원 초대소에서 세 시간에 걸쳐 북한의 장거리 미사일 폐기 문제와 클린턴 대통령 방북 문제 등에 관해 의견을 나눴다.

올브라이트는 회고록에서 "미사일 사거리 등에 대해 대화를 나눠본 결과 김정일은 매우 똑똑했다"라며 "대화 중에 그는 우리(미국)가 한국에 군을 주둔시킬 수 있다는 사실도 받아들였다"라고 강조했다. 북한은 당시 관영 매체를 통해 주한 미군의 무조건 철수를 주장하던 때였다. 또 올브라이트는 클린턴은 북한을 방문하고 싶었지만 중동 평화에 매달리는 바람에 그 시기를 놓쳤으며 대통령직에서 물러난 뒤에도 북한을 방문하지 못한 것을 크게 후회했다고 회고했다.[35]

2001년 1월, 김정일 위원장은 중국을 방문하여 장쩌민 주석과 회담을 가진 후 개혁개방의 현장인 상하이를 방문했다. 그는 상하이의 발전상을 '상상을 초월하는 변모' '천지개벽' 등으로 극찬했고, 장쩌민은 북한이 경제 개혁개방을 하도록 지원할 뜻이 있음을 밝혔다. 그해 9월에는 중국 장쩌민 주석이 최고지도자가 된 후 처음으로 북한을 방문했다. 이처럼 2000년대 초 남북 관계 개선과 북미 대화의 진전 등으로 인해 한반도 긴장이 완화되며 북한과 중국의 관계도 개선되었다.

신의주특구 계획 물거품과 2차 북핵 위기

중국 경제의 발전을 확인한 김정일은 새로운 사고와 태도를 뜻하는 '신사고新思考'를 외치면서 경제 개혁개방을 추진했고 2001년부터 북한 사회주의 단계를 '과도적 단계'로 수정하여 중국식 경제 개혁개방의 이념을 받아들였다. 2002년 7월 1일에는 경제 개혁을 위한 '7·1 경제개선조치'를 발표했다. 이 조치는 우선 실리주의를 도입해 경제 관리 권한을 분권화하고, 시장 가격을 인정해 시장을 활성화하며, 임금을 생산성에 따라 차별화하고, 인센티브제를 강화하는 등 시장경제 원리를 상당 부분 채택한 것이다.

이어서 북한은 그해 9월부터 대외 개방을 위한 특구 경제 정책을 발표했다. 당국은 신의주특별행정구(신의주특구), 개성공업특구, 금강산관광특구를 지정했다. 특히 신의주는 중국 단둥과 인접한 무역 도시로, 섬유·의류·신발·제지 등의 경공업이 발전했다. 신의주특구는 북한의 경제 개혁개방에 중국의 경험과 역량을 활용할 수 있을 것으로 기대됐다. 이 특구의 초대 장관으로는 네덜란드 국적의 양빈이 임명됐다. 그는 중국 화교여서 중국과의 협력도 가능할 것으로 예상됐다. 그러나 그해 10월 신의주에 입국할 예정이었던 양빈은 중국 공안당국에 연금됐다가 11월에 정식 체포됐다.

결국 북한의 신의주특구 계획은 출발도 하지 못하고 물거품이 됐다. 이 과정에서 북한과 중국은 충분히 소통과 협의를 하지 않았고, 결과적으로 양국은 이 일로 갈등을 겪었다. 북한의 개혁개방을 통한 변화를 기대했던 중국이 역설적으로 북한의 개방 시도를 방해한 셈이었다. 개방이 이뤄지지 않은 상태에서 북한의 내부 경제를 개혁하는 데는 한계가 있었다.

2차 북핵 위기도 북중 관계에 부정적으로 작용했다. 2002년 1월 29일, 조지 W. 부시 대통령은 국정연설에서 북한을 이란, 이라크와 함께 '악의 축'으로 규정했다. 부시 정부는 제네바합의에도 비판적이었다. 2002년 10월 3일, 부시 대통령의 특사로 지명된 제임스 켈리 미국 국무부 차관보를 비롯한 여덟 명의 미국 대표단이 북미 회담을 위해 평양에 도착했다. 이들의 방북 기간 중 북한은 농축 우라늄을 사용한 핵프로그램의 존재를 시인했다. 미국 의회의 반대로 경수로 자금 제공 및 건설이 지연되면서, 비밀리에 핵무기 개발을 시작했던 것이다. 이렇게 2차 북핵 위기가 시작됐다.

그해 11월 15일에 한반도에너지개발기구가 대북 중유 지원을 중단했다. 북한은 영변 핵시설 동결 해제, 국제원자력기구 사찰단 추방, NPT 탈퇴 선언 등 강경한 조치를 취했고, 제네바합의는 결국 2003년에 휴지 조각이 됐다.

《워싱턴 포스트》는 2002년 10월 21일 '북한에겐 미국이 합의 위반자*For North Korea, U.S. is Violator of Accords*'라는 기사를 통해 평양의 핵개발 시인을 어떻게 바라봐야 하는지 분석했다. 기사는 북한의 관점에서 바라보면, 이것이 미국에 대한 대화 재개 요청이라고 해석했다. 미국과 관계 개선을 희망하는 북한 측의 대화 요청을 미국이 이해할 수 없을 정도로 거부하고 있다는 게 북한의 생각이라는 것이다.[36]

2차 북핵 위기가 불거지자, 중국의 왕이 외교부 부장은 북한의 '외교적 모험주의'를 강하게 비난했다. 에너지 및 식량 지원 중단과 더 많은 탈북자의 허용을 언급하기도 했다. 그 결과 북중 관계는 더 얼어붙었다.

사진 14 2003년 1월 11일 평양에서 열린 핵확산금지조약 탈퇴 지지 100만 명 군중대회.

한·미·일·북·중·러 6자회담이 무산되다

한편 2003년 3월에 중국에서는 후진타오 지도부가 등장했다. 중국의 외교 전략도 도광양회에서 화평발전和平发展으로 변했다. 중국은 국제사회의 책임 있는 대국으로 존중받기 위해 북핵 문제 해결에 적극적으로 나섰다.

2003년 1월에 북한이 NPT를 탈퇴하자, 중국은 이에 반대한다는 입장을 발표했다. 후진타오 주석은 한반도에 핵무기가 있어서는 안 된다고 강하게 주장했다. 중국은 북핵 문제의 다자화를 추진했고, 그해 4월 23~25일에 개최된 미국·중국·북한의 3자회담을 통해 북핵 문제의 적극적 중재자 역할을 자임했다.

3자회담 개최 이후 중국 다이빙궈戴秉国 외교부 부부장이 평양을 방문하여 후진타오의 친서를 전달하고 6자회담 참여를 논의했다. 그리고 7월 31일, 북한은 6자회담 참여를 발표했다. 8월 27~29일, 1차 6자회담이 열렸으나, 미국과 북한의 입장이 대립해 합의문은 발표하지 못했다. 2004년 1월, 왕자루이王家瑞 당 대외연락부장이 김정일을 면담한 후에야 북한은 그다음 달 6자회담 테이블로 복귀했다.

그 무렵 북한은 플루토늄 추출에 사용된 화학물질을 실은 것으로 의심되는 북한 기차를 통과하지 못하게 했다며 중국에 불만을 표시했다.[37]

2004년 4월에는 베이징에서 김정일과 후진타오의 정상회담이 열렸다. 이 자리에서 두 정상은 핵 문제를 평화적으로 해결하는 데 대한 의견을 교환했다. 2004년 6월에 열린 3차 6자회담에서 북미 양측이 각기 구체적인 안을 내놓기도 했다. 그러나 협상이 성사될 가능성은 사라졌다. 미국 강경파가 리비아 모델을 내세우며 북한을 압박했고, 의회가 「북한인권법North Korea Human Rights Act」을 통과시켰으며, 남북관계가 경색되는 등 일련의 사태가 이어졌기 때문이다. 그해 9월로 예정된 4차 회담도 열리지 못했다. 11월에는 미국 대통령 선거에서 부시가 재집권하면서 북한은 소극적으로 사태를 관망했다.

2005년 2월 10일, 북한은 6자회담 참가를 무기한 중단하고 이미 핵무기를 만들었다고 선언한다. 핵무기 보유를 공식화한 것이다. 북한의 말이 만약 사실이라면, 이는 중국으로서도 직접적인 안보 위협이 되었다. 북한의 핵보유는 중국의 국가 전략 실행에 도움이 되지 않았기 때문이다. 나아가 일본의 재무장과 대만의 핵무기 개발을 촉발할 수도 있었다. 북미 관계가 더 악화되면 미국이 동아시아에 군사력을 증강할 텐데, 그 역시 중국에는 불리한 일이었다. 북한 핵 문제가 심각한 국면으로 접어들자 후진타오는 적극적 대응에 나선다.

중국은 3월에는 북한 박봉주 내각총리를 초대하여 경제협력에 대해 논의하고 투자 협정을 체결했다. 북한에 경제적 인센티브를 제공해 협력을 유도한 것이다. 9월에 4차 6자회담이 개최되었고 이 자리에서 북한이 핵을 포기하는 대가로 체제 안전을 보장하고 국제사회로부터 경제적 지원을 받을 수 있도록 하는 '9·19 공동성명'이 도출됐다.

그런데 엉뚱한 데서 난관이 발생했다. 9·19 공동성명을 합의할 즈음, 미국 재무부가 마카오의 방코델타아시아Banco Delta Asia은행이 북한의 위조 달러 유통, 마약 밀매 등을 방조했다며 북한을 「미국애국법USA Patriot Act」 제311조의 '주요 자금세탁 우려 대상국'으로 지정한 것이다. 이로써 북한의 모든 국제 금융거래가 사실상 차단됐다.[38] 미국의 금융 제재로 북한 비자금의 실체가 드러나고 그 자산이 동결됐다. 북한은 큰 충격을 받았다.

북한의 반발을 가라앉히기 위해 그해 10월 후진타오 주석이 북한을 방문했다. 양국은 '경제기술협조에 관한 협정'을 조인했다. 이

2005년 9월 19일, 댜오위타이에서 열린 전체회의에서 한반도 비핵화 원칙 등 6개 항의 공동성명을 채택하고 회담을 성공리에 마친 6개국 대표들. 왼쪽부터 크리스토퍼 힐 미국 국무부 동아태 차관보, 사사에 겐이치로 일본 외무성 아시아대양주 국장, 우다웨이 중국 외교부 부부장, 송민순 청와대 외교통상부 차관보, 김계관 북한 외무성 부상, 알렉산드로 알렉세예프 러시아 외무부 차관.

방문은 양국 경제 협력 확대에 중점을 두었다. 북중정상회담 이후 11월 9~11일에 베이징에서 5차 6자회담이 열렸다. 그러나 방코델타아시아은행에 대한 금융 제재를 한 미국에 중국이 협력하자, 북한의 중국에 대한 신뢰는 낮아졌다. 북중정상회담으로 6자회담을 이어가긴 했지만, 향후 핵 문제 해결 과정에서 중국이 북한의 이익을 해할 수 있다고 의심하기 시작했다. 결국 북한은 방코델타아시아은행 제재를 비판하면서 9·19 공동성명의 이행에 소극적인 태도를 보였다.

핵실험을 강행한 북한

중국은 북한을 6자회담 틀에 묶어두기 위해 북중정상회담을 개최했다. 2006년 1월 10~18일에 김정일이 중국을 방문했다. 당시 김정일은 광저우, 선전 등을 방문하고 중국의 경제 발전에 찬사를 보냈다. 양국은 6자회담의 공동성명을 이행하려 노력한다는 데 동의했다. 그러나 앞서 살펴봤듯 경제 협력을 앞세워 북한을 6자회담으로 복귀시키려던 중국의 노력은 방코델타아시아은행 문제 때문에 물거품이 됐다.

이런 교착 상황에서 북한이 미사일 실험을 하려는 움직임이 포착됐다. 6월 19일에 중국 왕광야王光亞 UN 대사는 북한에 미사일 발사를 자제하라고 요구했지만, 7월 5일에 북한은 대포동 2호 미사일을 발사했다. 7월 10일, 중국 후이량위回良玉 부총리가 북한을 방문해 미사일의 추가 발사를 유예하라고 요청했다. UN 안전보장이사회는 7월 15일에 북한에 대한 강경한 조치를 담은 결의안 1695호를 채택했다. 중국도 이에 찬성했다. 북한은 중국을 포함하여 UN 안전보장이사회에 비난을 가했다.

10월 3일, 북한은 미국의 적대 정책을 이유로 핵억지력을 보유하기 위한 핵실험을 예고했고, 마침내 10월 9일에 첫 번째 핵실험을 감행했다. 중국은 이를 한반도 비핵화를 정면으로 파괴하는 행위로 간주했다. 중국 외교부는 "제멋대로 핵실험을 했다"라고 비난하고 북한의 핵실험을 단호히 반대했으며, 북한에 대해 무력 제재를 제외한 외교 및 경제 제재를 수용한다는 입장을 밝혔다. 그리

고 중국은 10월 14일에 UN 안전보장이사회 결의안 1718호에 찬성했다.[39]

북한 핵실험 이후 중국은 북한과의 소통을 신속히 재개했다. 10월 31일, 미국, 북한, 중국이 참여한 비공식 회의가 베이징에서 개최됐다. 여기서 미국은 6자회담의 틀에서 금융 제재를 해결하기로 합의했다. 2007년 2월, 5차 6자회담 3단계 회의에서 '2·13 합의'가 발표되고 그해 7월 6차 6자회담 1단계 회의에 이어 2단계 회의에서는 '10·3 합의'가 도출된다.

그러나 중국은 북핵 문제가 중국의 안보에 직접적으로 위협이 된다고 여겼다. 북한의 핵실험으로 인한 지진파가 중국 동북 지역에서 감지되자 이에 대한 비난이 쏟아졌고, 북한이 핵실험 계획을 바로 직전에야 중국에 통보한 것이 알려지자 중국 인민들의 불만이 거세졌기 때문이다. 이 무렵부터 북핵 문제가 북중 관계를 악화시키는 핵심 요인으로 등장했다.

다시 가까워진 두 나라

김정일의 건강 이상설

2008년에 들어서면서 중국과 북한의 지도자들은 여러 차례 양국을 오가며 협력을 강화했다. 2008년 4월에는 북한의 박의춘 외무상이 중국 양제츠 외교부장의 초청으로 중국을 방문하여 6자회담과 중국의 올림픽 개최 등에 관해 의견을 나눴다. 그해 6월 17일에는 중국의 차세대 지도자였던 시진핑 국가부주석이 아시아 5개국을 방문하던 중 평양을 방문하여 북한의 김영남 최고인민회의 상임위원장 및 김정일 위원장과 회담을 가졌다. 차기 지도자로서 북한의 위상을 높게 평가하고 계속 관여하겠다는 뜻을 보인 것이다.

그런데 문제는 북한 내부에서 생겼다. 2008년 9월 9일, 북한의 정권 수립 60주년 기념식에 김정일 위원장이 나타나지 않은 것이다. 그의 건강에 중대한 이상이 있다는 소문이 퍼졌다. 곧이어 그가 뇌졸중으로 인해 건강이 좋지 않다는 사실이 알려졌다. 김정일 이후 권력 교체기에는 북한의 불안정성이 커질 수 있었다.

중국은 불안한 상황을 관리하기 위해 북한에 대한 경제적·외교적 지원을 확대했다. 중국은 2008년 1월부터 식량 수출 억제 정책을 펼쳤는데, 북한에 대한 수출은 오히려 늘렸다. 한편 남북 관계가 냉각되고 한미 간의 안보 협력이 강화되자, 중국은 한반도에서의 세력 균형을 위해 북한을 지원할 필요가 있었다. 북한도 중국과 협력을 강화하는 편이 유리했다.

북한의 안정적인 후계 체제를 바라는 중국

북한은 2009년 4월 5일에 인공위성 광명성 2호를 발사했다. 그러자 UN 안전보장이사회에서는 이를 비난하는 의장 성명을 발표했는데, 북한은 이에 반발하여 4월 14일로 예정돼 있던 6자회담을 거부했다. 북한은 이어서 5월 25일에 함경북도 길주군 풍계리 인근에서 2차 핵실험을 강행했고, 핵실험 직후에는 단거리 미사일을 발사해 위기의 강도를 높였다.

중국은 2차 핵실험 이후에는 1차 핵실험 때와 달리 북한을 고강도로 압박하거나 강하게 비판하지 않았다. 당시 북한이 후계 체계를 구축하는 중이었기에 권력 이전 과정에서 나타날 수 있는 불안정성을 고려했기 때문이다.

김정일 위원장의 건강 이상 이후 북한에서는 2009년부터 후계자 구축이 본격화되었다. 2009년 1월, 김정일 위원장은 3남인 김정은을 후계자로 결정했다. 이러한 정황을 살핀 중국은 외교부 성명을 통해 반대를 표명하고 UN 안전보장이사회 결의 1874호에 찬성했지만, 이후에도 북한과 소통을 계속하고 경제 협력을 확대했다. 8월 17~21일에 우다웨이武大偉 외무부 부상이 북한을 방문하고 9월 1~5일에는 김영일 외무성 부상이 중국을 방문했다. 9월 16~18일에는 다이빙궈 중국 국무위원이 후진타오의 특사로 북한에 갔고, 2009년 10월 4일에는 양국 국교 수립 60주년 기념에 맞추어 원자바오 총리가 북한을 방문해 경제 협력 방안을 제시했다.

2009년 10월, 중국은 북한에 대규모 경제 지원을 했고, 특히 천안함 피격 사건으로 남북 관계가 악화된 2010년 3월 이후에는 북한에 식량 수출을 더욱 늘렸다. 2010년 5월에 이어 8월, 김정일이 중국을 방문했을 때 후진타오는 안정적인 후계 체제 구축을 희망한다는 뜻을 전했다. 무엇보다 한반도의 안정을 중시하는 중국으로선 안팎으로 어려운 북한을 돕고 영향력을 확보하는 편이 자신들에게 더 유리했다.

중국에 점점 더 의존한 북한

2009년에 들어 중국은 동북진흥계획을 추진했는데, 그중 핵심은 '창지투長吉圖 개발·개방선도구계획(창지투개발계획)'이었다. 이는 중국의 창춘长春, 지린吉林, 투먼图门을 연결하는 삼각 지역을 중심으로 한 경제 발전 계획이었다. 두만강을 중심으로 북한과 러시아를 포함한 이 동북 지역은 수출항이 없어서 상대적으로 발전이 더딘 곳이었다. 따라서 이 계획이 성공하기 위해서는 북한의 협력이 필요했다.

2010년 8월, 김정일은 동북 지역을 방문해 중국과 적극적으로 경제 협력을 하겠다는 뜻을 보였다. 북중 양국은 그해 11월 20일 신의주의 위화도·황금평 지역과 나선 지역을 묶는 '일구양도—區两島'•특구 개발 계획에 합의했다. 이때 중국은 대외 물류통로를 확보하기 위해 북한 나진항 사용권을 취득하기도 했다. 2010년 12월 31일에는 신압록강대교 착공식을 갖고, 황금평을 개발하는 압록강 경제협력 프로젝트를 추진하기로 했다. 2011년 6월 8일에는 위화도 및 황금평 일대에서 북중 경제특구 공동개발 착공식을 함으로써 경제 협력이 구체화되었다.

북한은 중국에 대한 무역 의존도가 갈수록 높아졌다. 한국무역협회 무역 통계에 따르면, 2008년 북중 교역액은 27억 8,700만 달러로 양국 무역액이 최초로 20억 달러를 넘어섰다. 이후 2009년에는 잠시 주춤했지만 2010년에는 다시 34억 6,600만 달러로 30억 달러를 넘어섰고 2011년에는 56억 2,900만 달러로 급증했다. 북한의 전체 무역(남북 교역 불포함)에서 중국이 차지하는 비중은 2008년 73퍼센트, 2009년 78.5퍼센트, 2010년 83퍼센트였고

• '일구(一區)'는 나선 지역을 의미하고, '양도(兩島)'는 위화도와 황금평 지역을 의미한다.

2011년에는 90퍼센트에 육박한 것으로 보인다. 특히 2010년에 이뤄진 '5·24 조치'로 개성공단을 제외한 남북 경제 협력이 중단됨에 따라 북한 대외무역에서 중국이 차지하는 비중은 더 커졌고, 북한 경제는 중국에 점점 더 의존하게 되었던 것이다.[40]

이 시기 북중 교역의 확대는 중국의 경제 성장과도 관련이 있다. 후진타오 2기에 들어서서 국제 생산재 및 광물자원 가격이 상승하자, 중국은 북한의 광물자원 개발에 박차를 가했다. 북한은 중국의 경제 성장으로 인해 수혜를 입은 것이다.

"중국을 믿지 않는다"

김정일 시기의 북중 관계는 북미 관계, 북한 핵 문제, 남북 관계 등의 영향을 받았다. 북핵 문제는 갈등 요인으로, 경제 문제는 협력 요인으로 작용했다. 김정일 집권 말기에는 미국, 한국과 관계가 매우 악화된 상황이어서 북한으로서는 현실적으로 중국과 관계를 심화하는 수밖에 없었다. 양국은 한중 수교 이후 단절되다시피 했던 관계를 회복했다.

그러나 김정일도 중국을 매우 불신했고, 세력 균형을 위해 경계했다. 처음부터 자신의 권력세습에 대해 부정적 입장을 보였던 중국을 좋게 생각하기는 어려웠을 것이다. 그는 2009년 방북했던 현정은 현대그룹 부회장에게도 "중국을 믿지 않는다"라고 했다.[41]

그는 1992년 초 김용순 비서를 미국에 특사로 보내 역사적으로 주변 강국이 한반도의 지정학적 위치와 전략적 가치를 탐내 수 없이 침략을 자행한 사례를 들면서, "동북아시아의 역학 관계로 보아 조선반도의 평화를 유지하자면 미군이 와 있는 것이 좋다"라고 미국에 말하기도 했다. 대외적으로 미군 철수를 주장하는 것은 주민들의 감정을 달래기 위한 정치적인 표현이라면서 말이다. 북한은 또 2000년 10월 조명록 특사의 방미 시에도 주한 미군을 용인할 수 있다는 의사를 밝혔다. 이는 동맹 관계가 끝났다고 언급한 중국을 견제하기 위해 미국을 지역 내 균형자로 활용하려는 의도를 보인 것이었다.[42]

김정일의 중국관은 남북정상회담에서도 드러났다. 2000년 6월 14일, 평양 백화원 초대소에서 김대중 대통령과 한참 이야기를 나누던 김정일 국방위원장은 예상치 못한 파격적인 발언을 했다. "주한 미군이 북한을 공격하는 데 있어서는 안 됩니다. (손가락을 치켜세우며) 하지만 중국·일본·러시아 등 우리를 먹으려 했던 나라들을 견제하기 위해서는 미국(미군)이 통일 이후에도 한반도에 남아야 합니다." 주한 미군이 남북 간의 전쟁 억제와 한반도에 유리한 세력 균형을 유지하는 데 필요하다고 인식했던 것이다.[43]

김정일은 지병에도 불구하고 말년까지 바쁘게 움직였지만 2011년 12월 17일에 세상을 떠났다.

김정은 체제 출범,
변화를 시도하다

혼란 없이 출범한 김정은 정권

김정일 사망 후 북한은 의외로 별다른 혼란이 없었다. 자신의 죽음이 멀지 않다는 사실을 잘 알고 있던 김정일은 발병 후 중국을 세 번이나 찾았다. 김정은 후계 체제에 대한 중국의 적극적인 지원이 필요했기 때문일 것이다.

북한은 내부적으로도 시간을 갖고 차질 없이 권력을 승계할 준비를 했다. 김정일 사망 1년 전인 2010년 9월 28일, 당 대표자회의를 통해 김정은 부위원장이 중심이 되어 당과 국가를 운영하는 기틀을 마련했다.

김정은 신체제의 구축은 김정일 사후 5개월 만에 완성됐다. 김정일 장례식 직후인 2011년 12월 30일에 최고사령관직에 오른 김정은은 2012년 4월 11~13일에 개최된 당 대표자회의와 최고인민회의에서 당 제1비서와 국방위원회 제1부위원장으로 선출됐다. 북한 권력 3대기구의 최고위직을 모두 차지하고 최고지도자에 오른 것이다. 북한은 김일성 탄생 100주년인 2012년 4월 13일, 인공위성 광명성 3호를 발사하며 김정은 정권의 출범을 알렸다.

김정은은 초기에 파격적인 행보를 보였다. 인민 생활 향상을 위한 새로운 경제 조치를 취해, 한때 북한 경제가 활성화되는 조짐도 보였다. 석탄 생산량이 늘면서 화력발전소 가동률이 높아져 전력 사정도 조금 나아졌다. 평양 중심부 만수대 거리에 초고층 아파트 10만 호 건설이 시작되었고, 주민이 사용하는 휴대전화 수도 수백만 대로 크게 늘었다. 북한은 여전히 어렵긴 해도 김정은 체제가 들어선 후 살림살이가 나아지고 있다고 선전했다.[44]

이렇듯 경제도 중요하지만, 미국 등 국제사회의 압박 및 제재가 강화되고 있는 실정에서 김정은 정권의 최우선 과제는 군사적 생존 능력을 확보하는 일이었다. 2012년 4월부터 2013년 7월까지 쉴 새 없이 핵과 미사일 실험을 계속했다.

시진핑이 중국 공산당 총서기가 되고 한 달 후인 12월 12일, 장거리 로켓인 은하 3호를 성공적으로 발사했다. 이 미사일의 사정거리는 미국 전역에 도달할 수 있는 1만 3,000여 킬로미터로 추정되었다. 북한의 장거리 미사일 확보와 핵무기의 소형화·경량화, 즉 북한 핵무기의 대륙간탄도미사일ICBM 탑재 가능성은 미국과 동맹국 안보에 현실적인 위협이 되었다.

2012년 11월, 18차 당 대회를 통해 총서기로 선출된 시진핑은 2012년 11월 29일에 당 정치국원 리젠궈李建國를 평양에 특사로 파견했다. 그는 북한 지도부에 관계 강화 의사를 전달하고, 장거리 미사일 발사를 자제해 달라고 요청했다. 그러나 김정은은 이를 철저하게 무시하고 특사가 귀국한 이튿날인 12월 1일에 장거리 미사일 은하 3호 발사 계획을 발표하고, 12일에 성공적으로 발사했다.

이는 누가 봐도 김정은이 막 출범한 시진핑 지도부의 얼굴에 먹칠을 한 것이었다. 중국은 충격을 금할 수 없었고, 이때부터 북중 관계에 금이 가기 시작했다.

중국을 대국으로 보고 경계하는 인식은 김정은 시대로 이어지고 있었다. 특히 권력 교체기라는 특수한 상황에서 중국에 대한 경계와 자주성 강조가 더욱 강하게 표현된 것으로 볼 수 있다.[45] 중국은 2013년 1월 22일, 북한의 미사일 발사를 벌하기 위한 UN 대북 제재 결의에 찬성 의사를 밝혔다. 북한의 매체들은 "중국이 미국에 굴종해 대북 압박과 제재의 선봉장 역할을 하고 있다"라면서, 중국을 '미국에 아부·추종하는 (대국) 세력'이라고 비난했다.[46]

북한 3차 핵실험과 중국의 강경 대응

이어서 2013년 2월, 중국의 최대 명절인 춘절 연휴 기간 중 북한은 3차 핵실험을 감행했다. 핵무기 소형화와 경량화를 위한 실험이었다. 이로 인해 북중 관계는 더욱 깊은 수렁으로 빠졌다. 중국은 과거보다 더 엄격한 대북 제재 결의안에 찬성했다. 이전과 달리 대북 화물 검색 강화와 금융 제재에도 동참했다. 중국 내에서는 북한의 핵개발을 반대하는 여론이 들끓었다. 중국은 북한에 대한 불편한 심정을 감추지 않았다. 5월에 김정은 특사 신분으로 베이징을 방문한 최룡해 북한군 총정치국장은 귀국 직전에야 가까스로 시진핑 주석을 만날 수 있었다.

냉전 이후 북중 사이에는 수많은 우여곡절이 있었지만 중국은 북한과 담을 쌓지는 않았다. 그런데 시진핑 체제 등장 이후에는 다방면의 압박과 제재를 통해 북한의 변화를 이끌어내려 했다. 특히 중국은 북한을 그대로 방치할 경우 북한이 자국의 국익을 침해할 것으로 판단했다. 게다가 중국이 국제무대에서 차지하는 위상과 영향력을 고려해 '국제적 책임과 의무'를 강조하고 있는 상황에서 더 이상 '북한 편들기' 식의 대북 정책을 고수하기는 어려웠다.

북한의 핵실험 이후 중국은 기회가 있을 때마다 북한의 핵개발에 반대한다는 입장을 유지하면서 국제사회와 협력했다. 당시 중국이 미국에 제기한 '신형 대국 관계'를 진전시킬 수 있는 시금석이 북핵 문제였다. 북한의 긴장 고조 행위를 방치할 경우 새로운 대미 관계 구축에 부정적인 영향을 미칠 수 있었다.

2013년 3월 13일, 오바마 대통령은 직접 중국의 태도 변화를 긍정적으로 평가하고 중국의 역할을 강조했다. 중국에 대한 북한의 불만과 불신은 더 고조될 수밖에 없었다.

북한의 핵실험 이후 북한에 대해 악화된 중국 여론은 '북한 부담론' '대북 정책 실패론' '북한 포기론' 등으로 분출됐다. 중국 내 북한 부담론자들은 북한의 변화를 기대할 수 없으므로 대북 지원은 중국에는 정치적·경제적 부담일 뿐 국익과 국제적 위상에 손해라고 봤다. 또 북한은 중국의 방어벽이 되어줄 생각이 없으므로 한중 관계를 발전시켜서 북중 관계를 대체하는 게 더 유리하다고 주장했다.

중공 중앙당교●가 발행하는 《학습시보学习时报》의 부편집장 덩위원鄧聿文은 《파이낸셜 타임스》에 '중국은 북한을 버려야 한다China should abandon North Korea'란 제목의 글을 쓰기도 했다. 이런 여론이 중국 내 주류의 사고이거나 지도부의 인식은 아니었지만, 중국 당국은 이를 무시할 수만은 없었다.

반면 중국 내 한반도 전문가와 역사학자, 군부 내 북한 전문가는 북한 자산론을 고수했다. 이들은 북한이 중국에 부담이라는 사실을 인정하면서도 미중 경쟁이 점차 격화되는 상황에 북한의 지정학적 가치를 무시할 수 없다고 믿었다. 북한은 여전히 중국의 전략적 완충지대였다. 이들은 한반도의 현상 유지, 즉 북한이 존속하는 안정을 선호했다. 이들의 관점이 중국의 대북 정책 결정에 상당한 영향을 미치고 있었다.

● 공산당 간부를 양성하는 교육기관.

'베이징 사람' 장성택의 처형

그런데 큰일이 벌어졌다. 2013년 12월 12일, 북한이 핵심 실세이던 장성택을 전격적으로 처형했던 것이다. 당시 그는 북한의 각종 공안정보기관을 총괄하는 노동당 행정부장이었다. 12월 8일의 당 정치국 확대회의에서 결의한 그의 혐의는 '반당반혁명종파분자'였다. 4일 후에 열린 국가안전보위부 특별군사재판에서 그에게 인정된 범죄는 '국가전복음모'였다.

장성택은 중국과의 주요 접촉 창구였고, 평양에서는 '베이징 사람'으로 통했다. 중국식 경제 개혁을 옹호하기도 했다. 그는 국경 부근 두 개의 경제특구를 포함해서 중국과 여러 경제 협력과 사업을 주도했다. 장성택의 죄목에는 그의 외국 사업, 석탄과 다른 자원의 자의적 매각, 거액의 부채 등이 포함됐다. 명백히 중국을 겨냥한 것이었다.

장성택의 처형 전에 이미 북한의 사업 환경이 중국 투자자들에게 불리하게 돌아간다는 징후가 있었다. 2012년, 북한 당국은 거액을 투자해 북한 회사와 공동으로 옹진철광에서 철광석 사업을 하던 시양그룹西洋集團에 계약 취소를 통보했다. 시양그룹은 북한 투자는 악몽이었다고 폭로하며, 중국 투자자들에게 북한에 투자하지 말라고 경고했다.[47] 이 와중에 장성택의 처형으로 북중 사이에 짙은 암운이 드리워진 것이다.

새로운 경제특구 사업은 중단되었고 진행 중이던 나선특구 사업도 멈췄다. 민간 투자자들이 등을 돌린 건 당연했다.

급진전된 한중 관계

시진핑 체제 등장 이후 더욱 밀접해진 한중 관계는 상대적으로 북중 관계를 소원하게 만들었다. 한중 양국 정상은 두 차례의 정상회담을 통해 전략적 협력 동반자 관계를 강화하기로 합의했다. 2014년 11월, APEC 회의에서는 한중 자유무역협정FTA 체결에도 합의한다.

2013년 6월, 박근혜 대통령이 중국을 방문해서 정상회담을 했고 시진핑 주석은 한반도 통일과 관련해 전향적인 메시지를 내놓았다. "중국은 남북 관계 개선을 통한 한반도 평화통일을 지지한다. 한반도 통일은 대세이고, 중국의 국익에 부합하며, 중국 국민들이 바라는 것이다"라고 밝힌 것이다.[48] 한국에서는 이 발언을 한국 주도의 통일을 용인하는 것으로 해석했다.

2014년 7월, 시진핑 주석이 한국을 방문했다. 이로써 그는 취임 후 평양보다 서울을 먼저 방문한 최초의 중국 지도자가 되었다. 매우 이례적인 일이었다. 이는 중국이 북한을 중심으로 한반도를 바라보던 기존의 틀에서 벗어난 것으로, 남북한 균형 외교를 통해 한반도 전역에서 영향력을 확대하려는 의도가 깔려 있었다. 중국의 북한에 대한 냉담한 태도와 한·미·중 3국 간의 정책 공조로 북한 포기에 대한 기대가 확산됐다.

이명박 정부의 통일항아리론, 통일도둑론은 박근혜 정부에서 통일대박론으로 발전했다. 박근혜 대통령은 2015년 9월 2일, 한국 대통령으로서는 처음으로 베이징의 톈안먼 망루에 올랐다. 중국의 전승절 70주년 열병식을 참관하기 위해서였다. 박 대통령은 푸틴 러시아 대통령과 함께 뜨거운 환대를 받았다. 북한 대표로 참석한 최룡해 당 비서가 다소 초라해 보이는 것과는 대조적이었다. 이를 본 사람들은 중국이 북한보다 한국을 더 중시하는 것으로 생각했다. 하지만 이는 착각이었음이 곧 드러난다.

다시 북한에 다가간 중국

시진핑 정부의 대북 태도 변화는 국제사회의 지지를 받았다. 그러나 중국의 대북 정책 변화는 다분히 전술적인 것으로 한계가 있을 수밖에 없었다. 중국 정부의 대북 조치들은 북한에 대한 포기나 북중 관계의 근본적 변화를 의도한 게 아니었다.

당시 중국이 한반도 비핵화를 앞세우는 모습을 보인 것은 북핵이 한반도의 평화와 안정에 가장 큰 위협이었기 때문이다. 중국의 궁극적인 목표는 비핵화가 아니라 안정의 유지였다. 부차적으로는 한국과 북한에 균형적으로 접근함으로써 한국을 자국 중심의 질서로 유인해 한미 관계에 균열을 낼 의도도 있었다.

중국에 북한은 골칫거리이기는 해도 여전히 전략적 가치가 있었기에 내칠 수는 없었다. 중국의 강경한 대북 조치에 북한의 비난은 계속되었고, 북중 고위급 인사 교류가 전면 중단됐다. 중국 지도부는 북한이 자국의 영향권에서 이탈하는 것을 막아야 했다.

2014년 말, 중국이 북한에 다가갔다. 첫 조짐은 12월 17일에 베이징 주재 북한 대사관에서 열린 김정일 사망 3주기 추도식에 참석한 중앙정치국 상무위원 류윈산劉云山 등 중국 주요 인사들이 북중 관계의 전통적 우호를 강조하는 발언을 한 것이었다. 곧이어 2015년 1월 8일, 시진핑은 김정은에게 생일 축전을 보냈다. 7월에는 지린성을 방문한 시진핑이 간부들에게 지린성 등 지방정부 차원에서 북한과의 경제 협력 강화 방안을 모색하라고 지시했다. 10월에는 류윈산 상무위원이 북한 노동당 창건 70주년 기념식에 참석해서 김정은에게 양국의 전통적 우의를 강조하는 시진핑의 친서를 전달했다.

북한도 2015년 하반기부터 중국의 대북 유화책에 호응했다. 2015년 10월에는 북중 관계가 복원되는 분위기가 무르익었다.

그러던 그해 12월, 북한은 고급 문화 외교의 일환으로 모란봉악단을 베이징에 보냈는데 공연이 갑자기 취소되는 일이 발생했다. 악단이 도착한 다음 날 북한이 수소폭탄 개발을 발표했기 때문이다. 중국 당국은 고위 관료들에게 공연에 참석하지 못하도록 지시했다. 양국 관계는 다시금 얼어붙었다.

북한의 핵실험과 한국의 사드 배치

2016년 1월 6일, 북한은 4차 핵실험을 실시했다. 그 여파는 컸다. UN 제재가 추가된 것이다. 처음으로 북한에게 돈이 되는 석탄 수출이 금지됐고 중국도 이 제재에 찬성했다.

한국과 미국도 강경 대응에 나섰다. 한미 합동 군사훈련이 재개됐고, 미국의 전략무기가 한반도 상공에 빈번하게 출몰했다. 게다가 한국은 중국의 강력한 경고에도 불구하고 그해 3~4월에 고고도 미사일 방어체계인 사드THAAD 관련 핵심 장비를 전격 반입했다.

이전부터 미국은 중국을 겨냥한 한·미·일 미사일 방어 체계MD를 구축하기 위해 한국에 사드 배치를 계속 요구해 왔다. 그러나 박근혜 정부는 집권 3년 차까지 사드 배치와 관련해 미국으로부터 어떤 요청이나 협의도 없다는 입장을 견지했다. 중국과 우호적 관계를 조성해 한반도 통일에 대한 협력을 얻고자 한 의도가 있었던 것으로 보인다. 그런데 북한의 4차 핵실험 직후에는 더 이상 버티지 못하고 북한의 위협을 고려해 우리의 국익에 따라 검토한다는 입장으로 선회한 것이다.

중국은 미국의 한반도 사드 배치를 중국의 부상을 저지하기 위한 전초전으로 간주하고 강력히 대응했다. 중국인들의 한국 단체 여행을 중단시키고, 중국 내 일부 한국 기업에 보복 조치를 취했다. 이는 중국의 보복은 없을 것이라는 한국의 예상을 벗어난 것이었다.

한편 사실상 핵무력을 완성한 북한은 2016년 5월 6~9일에 조선 노동당 7차 대회를 개최했다. 36년 만에 열린 이 당 대회는 김정은이 집권한 2012년 이후 북한이 경제 성과를 이룩하고 핵 및 미사일 능력을 고도화한 데 따른 자신감의 표현이었다. 7차 대회에서는 무엇보다 군부의 권력을 약화시키는 대신 당의 위상을 높였고, 경제 면에서는 다소 혁신적인 경제 개선 조치를 공식화했다. 즉, 이 행사는 김정은 정권이 안정적이라는 사실을 대외에 알리는 신호탄이었다.

북한은 연이은 장거리 미사일 시험 발사 후 9월 9일에 5차 핵실험을 단행했다. 더 엄격한 제재 조치가 뒤를 이었다. 중국은 북한 고객과 자국 은행의 거래를 중단시키고, 중국 내 북한 기업도 폐쇄했다. 북한에 대한 밀무역도 단속했고, 수입도 급격히 줄였다. 2017년 2월에는 연말까지 북한에서 석탄 수입을 전면 중단하겠다고 발표했다. 당시 북한 내 석유 가격이 상승했던 것으로 보아 중국은 북한에 석유 수출도 줄인 것으로 보인다. 북한 관영 매체는 중국이 내정간섭을 한다며 맹렬히 비난했고 미국에 고개를 숙이고 돈만 쫓는 배은망덕한 나라라고 욕설을 퍼부었다. 중국은 국경 부근에 피난민 수용소를 설치했다. 이는 한반도 안정에 대한 중국의 우려를 단적으로 표현한 것이었다. 북한은 이러한 행태로 보아 중국을 믿을 수 없다고 확신하게 됐다.[49]

미국과 중국 사이를 오가다

미국 우선주의 vs. 중국의 꿈

2017년 1월 20일, 트럼프가 미국 제45대 대통령으로 취임했다. 그는 '힘을 통한 평화'를 강조하면서 미국이 북한 핵 문제를 해결할 것이라고 천명했다.

북한은 트럼프 대통령 취임 직후부터 미국을 타격할 수 있는 핵 능력 제고에 모든 역량을 투입했다. 2월 12일에는 지대지 중장거리 전략탄도탄 북극성 2호를 시험 발사했는데, 이는 고체 연료를 이용한 대륙간탄도미사일 개발을 위한 중간 단계의 무기 체계인 신형 중장거리 탄도미사일이었다. 미국은 '화염과 분노'라는 표현을 써가면서 강력한 군사적 대응을 경고했다.

곧이어 북한은 화성 12호를 3회(4월 5일, 4월 15일, 4월 28일) 발사하며 미국과 '전쟁할 준비'가 돼 있다고 큰소리 쳤다. 한반도에 전쟁이 곧 터질 것 같은 분위기였다.

6월 2일, UN 안전보장이사회 결의안 2356호가 채택되었고 7월 4일, 북한은 대륙간탄도미사일급 미사일 화성 14호를 시험 발사했다. UN 안전보장이사회는 결의안 2371호를 채택했고, 트럼프는 재차 '화염과 분노'를 경고했다. 이에 북한도 괌을 공격할 수 있다고 엄포를 놓았다. 트럼프는 군사적 대응을 하겠다고 했지만 9월 3일, 북한은 6차 핵실험을 단행하며 물러서지 않았다. 미국 본토를 타격할 수 있는 장거리 미사일 발사 실험도 계속했다.

당시 채택되었던 UN 안전보장이사회 결의안에는 북한 정권에 대한 원유 공급 차단 조치가 포함되었다. 정유 제품 공급에 연간 상한선을 설정하고, 석탄·섬유 등의 공해상 선박 환적을 금지하는 등의 제재도 있었다. 북한이 입을 경제적 타격은 심각했다.

북미 간의 긴장이 고조되는 가운데 미중 간의 전략적 경쟁도 심화되었다. 시진핑 집권 2기를 시작하는 2018년 3월, 13차 전국인민대표대회에서는 시진핑이 주창하는 '신시대 중국 특색 사회주의 사상'을 헌법 전문에 반영했다.

여기서 두드러지는 점은 대외 정책에 이제 중국이 서구 중심의 질서에서 벗어날 때라는 인식이 드러난다는 점이다. 중국 특색의 대국 외교, 신형 국제관계, 인류 운명공동체 등을 제시하며 중국 중심의 새로운 질서로의 변화를 추구하기 시작한 것이다. 트럼프의 '미국 우선주의'와 시진핑의 '중국의 꿈'이 충돌했다.

그런데 북중 관계 역시 어느 때보다 악화됐다. 사드 문제로 인해 한중 관계도 손상을 입었다. 중국은 북핵 문제를 지금과 같이 방치해서는 안 된다고 생각했다. 북중 관계를 새로운 시대에 걸맞게 전환시켜 자국의 영향력을 확보할 필요가 있었다. 미국의 심각한 도전에 직면한 중국에 북한의 전략적 가치가 높아졌다. 그런데 그 돌파구는 역설적이게도 미국이 만들어주었다.

김정은, 트럼프와 시진핑을 이용하다

한반도에 군사적 충돌의 위기가 고조되자, 문재인 정부는 긴장 완화를 위해 적극적으로 노력했다. 문재인 대통령은 2017년 6월부터 네 차례에 걸쳐 북한에 평창동계올림픽 참가를 제안했다. 그러다 2018년 새해 첫날, 김정은이 신년사에서 평창동계올림픽의 성공적인 개최와 남북 관계 개선을 위해 북한 대표단을 파견할 용의가 있다고 공개적으로 발언하면서 분위기가 바뀌었다.

이후 남북이 협의한 끝에 북한 대표단 파견이 확정되었고 2018년 2월 9일에 평창동계올림픽 개막식에 참석하기 위해 북한의 김영남과 김여정 등 북측 고위급 인사들이 한국에 방문했다. 김정은의 특사로 온 김여정은 2월 10일에 청와대에서 문재인 대통령을 만나 북한에 초청한다는 뜻을 밝혔다.

3월 5일, 정의용 국가안보실장을 수석으로 한 대북특사단이 방북하여 김정은과 회담을 하고, 4월 말 판문점 평화의 집에서 남북

정상회담을 갖기로 합의했다. 정의용 국가안보실장과 서훈 국정원장은 3월 8일에 미국으로 가서 남북정상회담 계획을 알리고, 김정은의 대화 의사를 트럼프에게 전달했다. 그러자 보고를 받은 트럼프는 정의용 실장에게 2018년 5월 안에 김정은을 만나겠다는 뜻을 전하여 바로 언론에 발표하도록 했다. 그야말로 깜짝 놀랄 만한 일이 벌어진 것이다.

같은 해 3월 말, CIA 국장 폼페이오의 평양 비밀 방문이 예정된 상황에서 김정은은 중국의 초청으로 2018년 3월 25일에 시진핑 주석과 첫 정상회담을 가졌다. 이 회담은 김정은의 첫 해외 방문이자, 집권 후 7년 만의 북중정상회담이었다.

시진핑은 김정은을 최고의 예우로 환대하며 냉랭하던 관계를 개선하는 데 치중했다. 그 무렵은 미중 무역전쟁이 막 시작되던 때였기에 북미정상회담이 성사되는 걸 지켜본 중국은 북미 관계의 급진전과 북한의 친미화 가능성을 우려했다. 그런 사태는 반드시 막아야 했다.

김정은으로서는 예정된 북미정상회담에 앞서 중국과의 전략적 소통을 통해 우군을 확보할 필요가 있었다. 북중 관계를 일정 수준으로 회복해야 이를 이용해 대미 협상력을 높일 수 있음을 감지하고 있었던 것이다. 과거 북한이 중소 분쟁을 이용해 이익을 극대화했던 때와 마찬가지로, 김정은은 미중 경쟁을 최대한 자국에 유리하게 활용하고자 했다. 이 회담에서 두 정상은 북중 관계의 복원과 비핵화에 대한 공동 대응 방안을 논의했다. 김정은은 비핵화가 "선대의 유훈"이라고 강조하며, 단계적이고 동시적인 비핵화를 추구할 것이라고 했다.

2018년 4월 27일, 판문점 평화의 집에서 열린 남북정상회담 직후에 중국 다롄에서 시진핑과 김정은의 2차 정상회담이 열렸다. 국무부 장관이 된 폼페이오가 북미정상회담 준비를 위해 두 번째로 평양을 방문하기 바로 직전이었다. 이 회담에서 북중 정상은 북미정상회담 준비와 관련하여 긴밀히 협의했다.

김정은은 중국이 소외되지 않도록 배려하는 모습을 보였고, 시진핑은 북한이 미국에 기우는 걸 막기 위해 북한 체제 보장을 위한 안보 및 경제 협력 문제를 중점적으로 논의했다. 김정은은 2차 정상회담을 통해 중국과 비핵화 입장을 조율하고 북한에 대한 중국의 지원을 확인하고자 했을 것이다. 트럼프와 회담을 앞두고 김정은은 '중국 카드'를 지렛대로 이용한 것이다.

두 정상은 북중 혈맹을 거듭 강조하고, 수십 년 동안 쓰지 않았던 '순치'라는 용어까지 사용하며 전통적인 우의를 복구하려고 했다. 양국이 입술과 이처럼 떨어질 수 없는 관계임을 강조한 것이다. 불신의 골이 깊을수록 화려한 수사가 필요한 법이다. 중국 언론은 북중 관계가 신시대로 접어들었다고 선전했다.

김정은의 2차 방중에 따른 북중의 밀착은 미국의 불안과 우려를 불러일으켰다. 트럼프는 "김정은 위원장이 시진핑 주석과 두 번 만난 다음에 태도가 좀 변했다"며 "시 주석은 세계적 수준의 포커 선수"라고 견제구를 던졌다.[50]

2018년 5월, 북한은 경제발전을 최우선으로 삼겠다고 발표하고는 고위 관료들을 중국으로 보내 공장을 견학하도록 했다. 이렇게 관계가 회복되자 중국의 UN 제재 준수는 느슨해졌다. 밀무역과 비공식적 무역이 국경에서 다시 재개되었고, 선박으로 석유나 다른 제재 품목이 거래되기도 했다. 2018년 중반 이후 중국 관광객도 북한에 몰려왔다.[51]

역사적 순간, 첫 북미정상회담

폼페이오가 두 번 다녀간 후인 5월 24일, 북한은 풍계리 핵실험장을 폭파했다. 미국과 국제사회를 향해 핵협상에 전향적으로 임할 준비가 돼 있다는 신호를 보낸 것이다. 그러나 트럼프로서는 북한의 핵위협을 없애는 일도 중요하지만, 북미 관계 개선을 통해 북한을 미국의 영향권 내에 포함시켜 중국을 강력하게 견제하는 일이 더 시급했을 것이다.

마침내 2018년 6월 12일, 싱가포르 카펠라 호텔에서 트럼프 대통령과 김정은 국무위원장의 역사적인 정상회담이 열렸다. 사상 최초로 북한과 미국의 정상이 직접 얼굴을 마주한 것이다. 김일성과 김정일도 간절히 원했던 미국 대통령과의 회담이었다. 바로 전년까지만 해도 "늙다리 미치광이" "로켓맨"이라며 서로를 비난하고 험악한 말이 오가던 분위기였기에, 두 나라 정상의 만남은 전 세계의 주목을 받았다.

주요 합의 내용은 미국이 북한에 체제 보장을 약속하고, 북한은 한반도에서의 완전한 비핵화를 약속한 것이었다. 한반도의 비핵화를 통한 완전한 평화 구축에 대해 북미 정상이 공식적으로 합의했다. 구체적 성과는 없었지만 오랜 불신과 대립의 벽을 허무는 첫걸음으로 그 의미가 컸다.

1차 북미정상회담 이후 일주일 만인 6월 19일, 김정은은 또다시 베이징을 방문해 시진핑과 3차 정상회담을 가졌다. 북미정상회담 이후 미국과 비핵화 후속 논의를 시작하기 전에 중국과 협의하기 위한 것이었다. 김정은은 이때 북한 경제 사령탑인 박봉주 내각총리와 노광철 인민무력상을 대동했다. 이는 양국의 당·정·군 관계가 회복되어 밀월 관계로 발전한 것을 보여주었다.

김정은은 2019년 1월 7일, 외교 분야 핵심 참모들을 대동하고 집권 후 네 번째로 중국을 방문했다. 2019년은 북중 수교 70주년이 되는 해로, 1월 8일은 김정은의 35번째 생일이기도 했다. 김정은이 새해 초부터 베이징을 찾은 것은 양국 관계가 그 어느 때보다 밀착되었다는 방증이었다.

이 방문은 2차 북미정상회담을 앞두고 이뤄졌다. 김정은은 약속했듯이 시진핑과 공동의 안보 전략을 협의하기 위한 4차 정상회담을 위해 온 것이었다. 양국 정상은 회담에서 한반도 문제와 비핵화 방안, 대미 협상 등에 관한 양측의 의견을 조율했다. 북한 매체들은 북중정상회담에서 중국이 보여준 태도를 '믿음직한 후방' '견결한 동지' '벗'이라는 용어로 보도했다.[52]

사실 2018년의 각종 정상회담은 국제사회의 대북 제재 완화로 연결되지는 않았다. 미국의 대북 제재와 압박이 지속되는 가운데 그해 북중 무역액은 전년 대비 60퍼센트 감소했던 것이다. 북미정상회담 전망도 불투명해졌다. 따라서 김정은의 네 번째 중국 방문은 정황상 중국으로부터 경제 지원을 얻으려는 목적이 다분했다. 그는 2019년 신년사에서 "(미국이) 제재와 압박으로 나간다면 새로운 길을 모색하지 않을 수 없게 될 수도 있습니다"라고 말했는데, 이 '새로운 길'을 가기 위해 중국을 지원군으로 묶어두려는 것이었다.

하노이회담 실패

2019년 2월 27~28일, 베트남 하노이에서 트럼프와 김정은은 다시 만났다. 왜 베트남을 선택했을까? 예상컨대 미국은 김정은이 사회주의 국가 베트남이 시장경제를 도입해 성장한 모습을 직접 보기를 원했을 것이다. 북한 역시 베트남이 우호적인 외교 관계를 맺은 몇 안 되는 국가였기에 편했을 것이다. 김정은은 전용열차로 무려 66시간을 달려 하노이에 도착했다.

하지만 일대일 정상회담 후 업무 오찬이 돌연 취소되고, 곧이어 회담 결렬이 선언됐다. 미국은 북미가 아무런 합의점에 이르지 못했음을 인정했다.

최종 협의에서 북한은 영변 비핵화를 조건으로 대북 제재의 실

사진 16 하노이에서 정상회담 중인 도널드 트럼프 대통령과 김정은 국방위원장.

질적 완전 해제를 제안했으나, 미국은 영변 외 지역의 다른 핵시설까지도 완전히 비핵화할 것을 조건으로 제시했다. 리용호 북한 외무상과 최선희 외무성 부상은 기자회견을 열고 북한은 전면적인 제재 해제가 아닌 민수경제(민간수요 경제)와 관련된 부분적 제재 해제를 요구했다고 밝혔다.

또한 북한은 2016~2017년에 부과된 UN 대북 제재 5건의 해제를 요구했는데, 여기에는 북한의 석탄·철광석·섬유·수산물 등의 수출을 막는 수출 제재, 그리고 철강과 산업용 금속 및 원유와 정제유의 수입을 제한하는 수입 제재, 나아가 대북 투자와 합작사업을 금지하는 제재가 포함돼 있었다. 이것들은 사실상 북한을 옥죄는 핵심 대북 제재들이어서 이를 해제하면 실질적으로 거의 모든 제재를 해제하는 셈이었다. 미국은 이 요구를 받아들인다면 대북 제재는 무력화된다고 보았다. 결국 협상의 줄다리기 과정에서 의견이 일치하지 않아 협의가 결렬된 것이었다.

트럼프 대통령은 기자 회견에서 북한 측을 강하게 비난하거나 분노하기보다는 몇 가지 아쉬운 점 때문에 결렬되었지만 언젠가 다시 협상이 가능할 것이라고 발언했다. 폼페이오는 몇 주 내로 합의를 이루기를 기대한다고 언급했다. 이런 모습은 미국이 북측에 제시한 비핵화 요구에 응답할 시간을 주려는 의도로 보였다.

북한의 지정학적 행보

중국과 미국, 한국 사이에서 줄타기한 북한

하노이 회담 결렬 후인 2019년 6월 20~21일에 시진핑은 북한을 공식 방문했다. 2005년 10월에 후진타오가 방문한 후로 14년 만에 이루어진 중국 최고지도자의 방북이었다. 시진핑은 북중 수교 70주년을 기념해 양국의 우의를 증진하자고 했다. 김정은에게 북미 간 물밑 대화에 대한 진상을 들을 필요도 있었다. 무역전쟁으로 악화일로를 걷고 있던 미중 관계에서 '북한 카드'는 중국이 무시할 수 없는 카드였다.

김정은에게도 시진핑의 방북은 하노이 북미정상회담이 성과 없이 끝난 후 외교적 성과를 거둘 기회였다. 북한은 금수산 태양궁전 앞에서 환영회를 여는 등 시진핑 주석 일행을 전례 없이 극진히 환대했다. 이를 통해 중국은 북한과의 친밀한 관계와 대북 영향력을 전 세계에 보여줄 수 있었다.

시진핑은 북중 양국 간의 전략적 의사소통과 교류 강화, 특히 국가 관리 경험을 공유하겠다고 밝혔다. 또 그는 중국의 주요 경제 현안을 조정하는 국가발전개혁위원회의 허리펑何立峰 주임을 대동했는데, 이는 중국이 향후 북한의 후원자 노릇을 더 강하게 하겠다는 의지를 보여준 것이다. 시진핑은 새로운 압록강 다리 추가 건설 비용까지 제공하겠다고 약속했다. 5년간 방치된 프로젝트였다. 북한이 비핵화, 제재 해제 등을 둘러싸고 미국과 입장 차이를 좁히지 못하고 있던 상황에 중국의 지지를 재확인한 것은 북한의 수확이었다. 하지만 회담의 실질적 성과는 미미했다.

시진핑은 방북 5차 정상회담에서 북중 관계가 '신시대'로 진입했다고 표현했다. 한중 수교 이후 처음으로 냉전시대에 많이 사용되던 용어가 등장하면서 북중 관계가 적어도 수사적으로는 전통적인 혈맹-순치관계로 복귀한 셈이었다.

북중 관계의 개선은 과거에 그래왔듯이 미중 간의 지정학적 경쟁과 관련돼 있었다. 남북 관계가 호전되고 북미 관계가 개선되면 잠재적으로 중국을 겨냥하여 남북과 미국의 3국 협력 체제가 형성될 가능성도 있었다. 중국으로선 치명적인 일이었다. 중국은 미국의 대북 전략을 무력화하고 자국이 주도하는 새로운 북중 관계를 만들어야 했다.

2018년 평창동계올림픽 참가 이래 북한의 미국 및 한국과의 현

란한 외교는 결국 북중 관계 호전으로 귀결됐다. 북미 회담은 실패한 듯 보였지만 전체적으로 북한은 이득을 보았다. 미국 카드를 이용해 중국에게서 약간이나마 양보를 얻어낸 것으로 볼 수도 있다.

북한, 중국, 러시아의 묘한 삼각관계

코로나19가 확산되자 북한은 2020년 1월에 국경을 폐쇄했다. 외부와 접촉을 전면 차단하며 전염병에 대응에 나선 것이다. 하지만 코로나19도 북한의 핵-미사일 능력 고도화 의지를 막지 못했다. 2021~2023년에 북한은 100회 이상 미사일 실험을 했는데 이 중 90회가 2022년에 이뤄졌다.[53] 중국은 대부분 비난하지 않았고 자제할 것을 주문했을 뿐이다.

자연스레 바이든 정부에서 북미 관계는 위축됐고 미중 관계는 경직됐다. 미중 간 거리가 멀어질수록 중국으로선 북한의 전략적 중요성이 커졌다. 중국은 2022년 후반 코로나19 통제를 완화했다. 2023년, 중국은 대북 무역을 늘렸고 UN 제재는 그다지 따르지 않았다. 2023년 9월, UN 전문가의 보고에 따르면 북중 간 철도 운송이 재개되었고, 중국 지역을 통한 북한의 석탄 수출과 사이버 절도 등이 눈에 띄었다고 한다.[54]

북한과 중국은 2024년을 우호의 해로 선언했다. 자오러지樂際 전국인민대표대회 상무위원장은 그해 4월에 평양을 방문해 적어도 외견상으로는 북중 양국의 친선을 다졌다.

하지만 최근 북한과 러시아의 밀착이 강화되면서 북한과 중국 사이에 균열이 심해지고 있다. 북러 접근이 자국의 이익에 반한다는 중국의 인식을 알 수 있다.

코로나19 사태가 끝난 뒤 2023년 9월 김정은이 처음 방문한 외국은 중국이 아니라 러시아였다. 이에 화답해 푸틴 러시아 대통령이 2024년 6월, 24년 만에 북한을 방문했다. 김정은은 러시아와의 관계가 최고조기를 맞았다고 말했다. 그러다가 김정은은 2024년 7월에 중국 주재 외교관들에게 "중국의 눈치를 보지 말라"라는 지시를 내렸다. 또 북한 내에서 화교의 이동을 제한하는 등 노골적으로 중국에 대해 거리를 두는 움직임이 나타났다. 푸틴 방북 당시 '포괄적전략동반자조약'을 맺은 후 이뤄진 조치였다.[55]

북한《노동신문》은 2024년 9월에 정권 수립 기념일을 맞아 중국과 러시아 정상이 보낸 축전을 보도하며, 이전과 달리 러시아 축전을 먼저, 중국 축전을 나중에 배치했다.

북한 내에서 통용되는 위안화 결제도 일부 막혔다. 외부 사상 유입을 막는 차원에서 주민의 한류 접촉을 적극적으로 차단해 온 북한이 최근에는 중국의 문화 콘텐츠까지 막으면서 중국 영화의 방영 비중이 급격히 줄었다. 북중 간 교역 규모도 크게 줄었다. 북한이 2024년 상반기 중국에서 수입한 쌀은 571만 3,000달러(약 80억 원) 규모로, 2023년 같은 기간 쌀 수입량이 5,339만 2,000달러(약 739억 원)였던 것에 비하면 10분의 1 수준이었다.

중국 측도 특이한 동향을 보였다. 김정은이 2018년 5월에 다렌을 방문할 당시 시진핑과 산책하며 친교를 쌓은 것을 기념하기 위해 설치한 것으로 알려진 '발자국 동판'을 2024년 5월에 제거한 것이다. 또 7월에는 북한의 주요 외화벌이 수단 중 하나인 자국 내 북한 노동자를 모두 귀국시킬 것을 요구했다.[56]

북한의 수상한 움직임은 계속됐다. 7월 31일, 베이징 인민대회당에서 열린 건군 97주년 리셉션에 주중 북한 무관이 참석하지 않았던 것이다. 중국의 군 수뇌부가 참석한 큰 행사에 중국 주재 북한 무관단이 나타나지 않은 것은 극히 이례적인 일이다. 중국에 대한 북한의 불편한 심기를 표출한 처사로 볼 수 있다.

중국 역시 맞불을 놓았다. 왕야쥔王亞軍 북한 주재 중국 대사는 정전협정 체결 71주년을 맞아 2024년 7월 27일 밤에 평양체육관 광장에서 열린 한국전쟁 상징 종대 행진 행사에 참석하지 않았다. 2024년 9월 8일, 평양 김일성 광장에서 열린 정권수립기념일 행사에는 대사대리를 보냈는데, 이 또한 전례를 찾기 힘든 일이다.[57]

한편 중국 당국은 접경 지역에서 이뤄지는 북한의 밀수 행위에 대한 단속을 강화하고 있다. 여러 밀수품뿐만 아니라 북한이 밀수에 사용하는 쾌속정까지 압류했다. 밀수품 중 김정은 위원장이 직접 사용할 물품은 돌려달라는 북한 측의 요구도 거절했다. 북한의 필수 물자 확보까지 단속하기 시작한 셈이다. 중국의 밀수 행위 단속은 최근 김정은이 사활을 걸고 있는 군수품 생산에도 영향을 끼치는 것으로 보인다. 중국 당국은 밀수업자 체포에 머무르지 않고 대북 물자 공급책까지 구속하고 있다고 한다.[58]

북중 간 교역액도 감소 추세를 보여 눈길을 끈다. 중국의 관세청 해관총서가 2024년 8월 말에 공개한 '무역 현황 자료'에 따르면 2024년 7월 북중 교역액은 1억 4,475만 달러(약 1,932억 원)였다. 이는 전 달의 1억 7,845만 달러(약 2,382억 원)보다 18.8퍼센트 감소한 수치다. 북중 교역은 2024년 5월부터 3개월 연속으로 줄고 있었다.[59]

급기야 최근에는 김정은이 북한에 대한 압박을 강화하는 중국을 겨냥해 '숙적'이라고 발언했다는 보도가 나왔다. 김정은이 이렇게 반감을 드러낸 건 이번이 처음은 아니다. 북중 관계가 좋지 않던 2015년 연초에 "미국과 일본은 100년 숙적이지만, 중국은 5000년 숙적이다. 중국 없이도 살아갈 수 있으니 중국에 사소한 양보도 하지 말라"라는 지시를 내린 적이 있었다.[60] 따라서 그가 최근 또다시 중국을 '숙적'으로 규정한 것은 지금의 북중 관계가 약 10년 전 수준으로 돌아갔다는 뜻이다. 이렇듯 양국의 사이는 쉽게 바뀔 수 있는 관계다.

현실주의를 추종하는 북한

지난 75년간 북한과 중국의 관계는 겉으로는 혁명과 전쟁에서 동지로 함께 싸운 혈맹이었지만, 상호 불신과 갈등이 끊이지 않았다. 2011년 12월, 김정일 위원장의 장례 기간에 중국은 톈안먼 광장에 조기를 게양하지 않았다. 1994년에 김일성 주석이 사망했을 때와는 달랐다. 이는 양국 관계가 질적으로 변했음을 상징적으로 보여줬다. 중국의 네티즌들은 김정은의 3대 세습을 비난하기도 했다. 북중 관계는 특수한 사이가 아니라 전략적 이해에 따라 언제든지 변할 수 있는 보통의 관계가 된 것이다.

북한은 항상 중국의 행위와 의도를 주의 깊게 살핀다. 외교적 미사여구와 달리 중국이 자국의 이익을 추구하는 과정에서 오히려 북한에 해를 끼칠 수 있다는 불안을 떨치지 못하기 때문이다. 북한에 대한 최대 위협은 북한이 핵을 포기하도록 하기 위해 중국이 북한에 대한 기본적 지원을 중단하는 것이다. 그런 일이 벌어지면 북한은 경제적으로 극히 어려워지고 생존이 위험해질 수 있다.[61] 중국에 대한 의존을 줄이는 일은 북한의 숙명적 과제다.

북한은 중국이 북한에 핵우산을 제공한다는 아이디어에도 결코 동의하지 않을 것이다. 중국과 깊은 경제 관계를 맺고 있다는 사실 때문에 북한이 중국과 강력한 안보 관계를 맺을 가능성이 있다고 추론하면 안 된다. 반대로 북한의 중국에 대한 경제적 의존도가 높기에 안보적 의존을 하기가 더 어렵다.[62]

그래서 북한은 강대국들의 전략적 경쟁 속에서 기민하게 움직이며 거대한 체스판에서 쓸모 있는 말이 되려고 한다. 북한은 중국의 부상에 따른 동아시아 질서의 변화와 미중 간의 경쟁에 주목하면서 자신의 지정학적 가치를 높이려는 것이다. 북한 인사들은 미국 당국자들에게 중국에 대한 방어벽으로 자신들을 이용하는 대신 북한의 보호자가 돼 달라고 말한 적도 있다.[63]

한편으로는 미국에 대항하는 세력에, 다른 한편으로는 중국을 견제하려는 세력에 자신의 전략적 가치를 인식시키려는 것이다. 북한은 가능하면 미국과의 관계 개선을 통해 중국을 견제하면서 실리도 얻고 싶어 하지만, 북미 관계가 냉각된 최근에는 그런 기대를 하기 어려웠다.

문제는 미국이 북한을 어떻게 인식하느냐는 것이다. 최대의 경쟁자인 중국을 견제하는 데 북한이 가치가 있다면 북한에 대한 미국의 접근 방식은 달라질 것이다. 반대로 북한과 중국의 관계가 워낙 강고해서 북한이 미국에 도움이 되지 않는다고 판단하면 북미 관계에 변화는 없을 것이다. 과연 미국은 북한을 어떻게 생각할까?

3장

북한과 미국

서로의 쓸모를
발견하다

시시각각 변화해 온 북미 관계

트럼프, 군사분계선을 넘다

2019년 6월 30일, 정전협정 66년 만에 트럼프 미국 대통령이 판문점 남측 지역에서 김정은 북한 국무위원장을 만났다. 처음으로 북미 정상이 판문점에서 만난 역사적인 순간이었다.

트럼프 대통령은 G20 정상회의 마지막 날인 6월 29일 오전, 일본 오사카에서 트위터로 김정은 위원장에게 비무장지대에서 회담을 하자고 제안했다. 오사카에서 한국으로 갈 예정인데 이 글을 본다면 만나자는 것이었다. 최선희 북한 외무성 제1부상은 5시간 이후인 오후 1시께 회담을 수락했다. 양국 정상의 만남은 바로 다음 날 이뤄졌다.

트럼프와 김정은은 오후 3시 46분께 판문점에서 만났다. 두 정

사진 17 2019년 6월 30일, 판문점에서 만난 김정은 국방위원장과 도널드 트럼프 대통령.

상은 판문점 군사정전위 회의실인 T2와 T3 건물 사이에서 만나 악수를 나누고, 함께 군사분계선을 넘어 북측으로 이동했다. 판문점 북측 판문각 앞 계단까지 약 10미터를 걸은 두 정상은 사진 촬영을 한 뒤 남측으로 다시 걸어왔다. 트럼프는 미국 현직 대통령으로는 처음으로 일 분 남짓 북한 땅을 밟은 인물이 됐다.

김정은은 "트럼프 대통령님께서 분리선을 넘어서 가신 건 다시 말하면 좋지 않은 과거를 청산하고 앞으로 좋은 관계를 개척하려는 트럼프 대통령의 남다른 용단의 표현이라고 생각합니다"라고 말했고, 트럼프는 큰 영광이라고 화답했다. 미국 CNN 방송은 미국 대통령이 세계에서 가장 요새화된 국경을 넘어 북한으로 들어가는 것은 한때 상상할 수 없는 일이었다고 보도했다. 북미 관계가 여기까지 오는 데는 실로 수많은 곡절이 있었다.

북한의 전략적 가치

1953년 한국전쟁 휴전 이후, 미국 정부는 대체로 북한에 관여하지 않았다. 동아시아에서 소련을 봉쇄하는 안보동맹구조를 만들 때도 미국은 북한을 무시했다.

북한은 미국과 직접 접촉하려고 여러 번 시도했지만 실패했다. 1973년 8월 27일, 주중 북한 대사관 부대표가 앨프리드 젠킨스 Alfred Jenkins 주중 미국 연락사무소 부소장과 북한의 WHO 가입 문제와 뉴욕 UN 본부 상임옵서버 파견 문제를 논의했는데, 이것이 미국과 북한 외교관의 첫 번째 직접 접촉이었다.

북한은 이집트, 루마니아, 심지어 석유왕 데이비드 록펠러를 통해 미국과의 직접 접촉을 시도했다. 1974년 4월, 안와르 사다트 Anwar Sadat 이집트 대통령은 미국과 직접 접촉할 수 있도록 도와달라는 북한의 요청을 이집트에 방문한 키신저에게 전달했다. 이에 앞서 김일성은 미국 의회에도 편지를 보냈지만 답장을 받지 못했다. 키신저는 사다트에게 김일성이 미국 행정부와 접촉하는 편이 낫다고 했다.

1974년 8월, 루마니아 대통령 니콜라에 차우셰스쿠 Nicolae Ceausescu의 보좌관도 키신저에게 북한이 미국과의 접촉을 원한다고 했으나 키신저는 북한이 미국과의 회담을 원하는 건 알고 있지만 미국이 이를 통해 얻을 수 있는 게 명확하지 않다고 답했다.

키신저는 북한과의 접촉 가능성에 거의 관심을 보이지 않았다. 그의 발언은 북한이 지정학적 관점에서 미국에 중요한 국가가 아니라는 점을 보여준다.[1]

이후에도 북한은 미국과 접촉해 휴전협정을 평화협정으로 대체하려고 했다. 카터 정부에서는 북한과 직접 대화하는 게 아무런 가치가 없다고 보고, 북한에 대한 중국의 영향력을 활용하고자 했다. 하지만 이는 북중 관계의 역사를 잘 모르고 내린 오판이었다. 북한이 중국에 고분고분하다고 보고, 북한에 대한 중국의 영향력에 한계가 있다는 역사적 사실을 무시한 것이다.

그 후에도 미국은 오랫동안 북한 문제를 해결하라고 중국에 요구했다. 그게 미국이 북한을 대하는 기본 자세였다. 그러나 이는 계속 실패했다. 북한에 대한 정치적 영향력을 행사해 달라고 중국에 요구하는 건 북한이 가장 혐오하는 일을 중국에게 요구하는 것이었다. 이는 오히려 더욱더 북한의 적대감만 불러일으켰다.[2]

북한이 1990년대 초 핵개발을 하겠다고 위협하자, 미국은 고위급 회담을 한 후 단속적으로 대화를 했지만 많은 미국 관료가 북한과 장기적 관계를 맺는 걸 꺼렸다. 그들은 조만간 북한 체제가 붕괴될 것이라고 믿었다.[3]

북핵 개발로 인한 긴장으로 군사 분쟁이 발생할 수 있는 상황에서, 미국과 북한은 외교적 노력을 기울인 끝에 결국 1994년에 제네바합의를 도출했다. 이 합의로 북한의 플루토늄 재처리가 8년간 중단됐다.

하지만 이 합의 역시 파기됐다. 6자회담에서 '행동 대 행동' 원칙하에 대화가 재개됐지만, 미국은 평화회담이 시작되기 전에 상당한 비핵화 조치가 선행되어야 한다고 주장했다. 미국에서는 강경파가 대북 외교에 나섰다. 외교가 사라지고 2012~2018년에 미국이 압박 정책으로 전환했지만, 북한의 핵무기 프로그램은 네 번의 핵실험과 팔십 번의 미사일 실험으로 더 발전했다.

트럼프 정부는 임기 초기에 오바마 정부의 압박 조치를 극대화했지만, 갑자기 정상 외교를 통해 북한에 적극적으로 관여했다. 그러나 양국의 외교 협상은 2019년 판문점 회담 후 거의 이뤄지지 않고 있다. 2008년 이후로는 미국 의회 대표단이 북한을 방문한 적도 없다. 현재 북한은 미국과 거의 모든 분야의 접촉을 중단한 상태다.

그래도 트럼프가 김정은과 세 차례 정상회담을 나눈 덕에 미국은 북한에 대해 심층적으로 이해하게 됐다. 북한을 포함한 동아시아 전체의 지정학적 전략을 구상함에 있어서, 특히 최대의 라이벌로 부상한 중국을 견제하는 관점에서 북한의 전략적 가치를 새롭게 인식하는 흐름이 나타났다.

북한을 바라보는 새로운 시각

전문가들이 바라본 북미 관계

트럼프의 북한에 대한 적극 외교 전후로 전문가들이 북한을 미국의 전략적 구도 안에서 새롭게 인식하는 노력이 있었다.

미국 육군 대령 출신의 아시아태평양안보연구센터 교수인 제임스 미니치James M. Minnich는 중국과 러시아가 인도태평양 지역에서 미국의 영향력을 줄이기 위해 다투는 상황에서, 미국이 북한을 자국 안보 구조에 편입할 기회를 포착해야 한다고 주장했다. 그러면 중국과 러시아의 전략적 도전에 더 중점적으로 대응할 수 있고, 다음 세기에는 동북아시아의 지형이 바뀔 것이라는 예측이다. 미국과 그 동맹이 북한의 안보 위협과 씨름하면 중국만 반사이익을 얻을 뿐이다.

제임스 미니치는 북한과의 관계 정상화는 국가안보의 문제이므로 미국은 평화적으로 비핵화를 추진해 북한을 적에서 친구로 만들 기회를 살려야 한다고 강조했다. 그는 북미 간에 평화적 비핵화를 달성하는 데 별도의 합의는 필요치 않다며 2018년 싱가포르 북미공동성명에 나온 순서대로 진행하면 된다고 했다. 이를 위해 북미는 즉시 연락사무소를 개설해야 한다는 구체적 제안까지 덧붙였다.[4]

미국외교정책위원회 연구원 스티븐 블랭크Stephen Blank는 북한의 안보를 고려해 북한의 독립성을 최대한 강화하는 게 동아시아 지역에서 중국과 러시아의 영향력을 감소시켜서 미국에 유리한 구도를 만들 수 있다고 지적했다. 그는 중국과 러시아에 대한 북한의 경계심은 오래된 것으로, 핵무기를 개발한 이유 중 하나는 두 나라 혹은 그중 한 나라에 대한 두려움 때문일 수 있다고 분석했다.[5]

미국 육군 대령 출신으로 한반도에너지개발기구 미국 대표를 역임했던 윌리엄 맥키니William R. McKinney는 보다 구체적으로 설명한다. 2018년에 한국, 북한, 미국, 중국 간에 정상회담이 빈번하게 이뤄지고 중국의 지정학적 파워와 군사력이 날로 증가하면서 동아시아에서 미국의 역할과 책임에 대한 재평가가 필요해졌다는 것이다. 즉, 동아시아에 있는 미국 동맹국이나 파트너 국가는 증대하는 중국의 군사력과 남중국해, 동중국해에서 중국의 군사적 전개를 견제하는 데 미국의 역할이 핵심적이라고 판단한다.

그는 이런 관점에서 미국은 중국의 파워를 한반도에서부터 견제해야 하며, 북한에 대한 방어 태세에 국한해서는 안 된다는 견해를 견지한다. 이런 균형을 이루기 위해서는 북한과 중국이 한편이 되고, 한국과 미국이 한편이 되는 현재의 상황을 고착화하는 건 옳지 않다. 남북한이 중국에 편승하는 게 아니라 중국을 견제하게 하는 구도를 만들어 한반도가 미국과 우호적 관계를 맺도록 노력해야 한다는 것이다.

즉, 한국과 북한이 정치적 자주와 외교적 독립을 중시한다면 안보에 관한 새로운 삼각관계, 즉 한국·북한·미국이 한편이 되는 안보 정책을 고려할 필요가 있다. 한국과 북한은 과거 중국의 조공국으로 중국의 영향권에 속해 있던 한반도의 역사를 되풀이하기를 원치 않기 때문이다. 그는 미국은 중국이 한반도를 지배하지 못하도록 해야 하므로, 단순히 북한과 평화적 관계를 맺는 것을 뛰어넘어서 북한과 건설적 관계를 구축해 한국과 북한이 국익을 지킬 수 있도록 해야 한다고 본다. 미국은 한반도 전체에 힘을 실어줘야 하며, 이렇게 한반도의 지정학적 구도가 재편되면 핵전쟁 위협을 크게 줄일 것이라고 그는 판단했다.[6]

러시아 국립해양대학교 연구원 아나스타샤 바라니코바Anastasia Baranikova는 미국이 동북아시아에서 군사력을 증강하는 건 북한을 파괴하려는 게 아니라 중국과 러시아를 견제하기 위함임을 북한도 안다고 지적했다. 과거 북한 지도자들은 주한 미군을 용인하는 발언을 여러 번 했고, 북한이 미국에 중국 견제를 돕겠다고 제안하기도 했다. 하지만 북한의 핵능력과 외교력이 약했기에 미국은 그 제안을 심각하게 받아들이지 않았던 것이다.

그러나 북한은 훨씬 강해졌고, 그래서 그 제안은 유효하며, 북미가 외교 관계를 수립하고 경제적 관계를 맺으면 중국을 견제하는 목적을 달성하는 데 유용할 것이라는 게 그의 의견이다. 북미 관계가 정상화될 경우 미군은 북한에 어떤 위협도 끼치지 않을 것이고 군사 협력도 가능할 것이라고 그는 강조한다.[7]

여기에 더해 미국 노틸러스연구소 소장 피터 헤이스Peter Hayes는 장차 북한은 중국보다 미국을 더 신뢰할 만한 파트너로 여길 것이라고 주장했다.[8]

인도의 정책연구센터 교수로 전략문제 전문가인 브라마 첼라니Brahma Chellaney는 트럼프 북한 정책의 핵심은 중국 견제라며 다음과 같이 분석한다.[9] 미국은 한국과 좀더 긴밀한 관계를 구축하는 동시에 북한을 이용해 중국의 영향력이 줄어든 지역 구도를 만들고자 한다. 트럼프의 직접 외교는 미국과 관계를 개선하려는 북한의 의도를 포착하고, 북중 간의 균열을 자국에 유리하게 이용하려는 것이란 시각이다.

트럼프 전임 대통령들은 북한이 중국으로부터 이탈하는 걸 돕는 대신에 중국 쪽으로 더 몰아넣었다. 결과적으로 중국이 북한 카드를 미국, 한국, 일본 등에 사용하여 유리한 고지를 점하는 걸 허용했다. 따라서 그는 트럼프가 북미 관계를 근본적으로 전환하는 건 비핵화보다 더 중요하다고 본다.

만약 서방이 과거 1970년대 후반 이래 중국 경제성장을 도왔듯이 북한 경제의 현대화를 돕는다면, 북한의 행태는 온건해질 것이며 경제 관여가 경제 제재보다 훨씬 더 많은 걸 성취할 수 있다고 생각하는 것이다. 그는 경제 제재로 오히려 북한의 핵과 미사일 능력 발전만 가속화시켰다고 말한다.

미국은 오바마 정부 때 미얀마의 국제적 고립 탈피를 도움으로써 미얀마의 중국 의존을 줄였던 경험이 있다. 트럼프는 중국에만 의존하는 고립된 북한을 도와서 국제 왕따 지위로부터 벗어나게 하려 한다. 그는 중국이 북한을 자국 영향권 안에 묶어 두기 어렵게 하기 위한 외교 정책을 펼친다. 이를 간파한 중국은 1970년대 초 미국과 관계를 개선한 후 소련에 대항했던 것처럼 북한이 미국 편에 서지 않을까 두려워한다. 중국은 북한을 주한 미군에 대한 완충지대로 보기에 김정은의 미국에 대한 접근, 트럼프 정부의 북한과의 직접 대화를 의심하는 것이다.

북한의 비핵화는 매우 어려운 과제다. 김정은은 핵무기만이 중국의 식민지가 되는 걸 막는 보험이 될 수 있다고 믿기 때문이다. 김정은은 핵무기를 개발함과 동시에 미국과 관계를 개선해 중국에 대한 의존도를 줄이려는 목표를 추구하는 것으로 보인다고 브라마 첼라니는 분석한다.

한편 미국이 북한과 정상회담을 준비하고 진행하는 과정에서 미국 정부는 북한과 동아시아에 대해 심층적으로 연구하고, 그 결과와 회담 경험을 미국 각계에 공유했다. 앞서 소개한 대로 김정은은 폼페이오에게 중국을 경계하고 주한 미군을 용인하는 발언을 했는데, 이는 크게 주목받은 것으로 보인다. 이러한 흐름에 따라 언론계, 전문가 그룹, 의회 등 여러 분야에서 북한을 새롭게 바라보기 시작했다.

월터 러셀 미드_ 중국 견제 위해 북한을 활용해야

이제 가장 중요한 전문가 두 명의 견해를 살펴보겠다. 2021년 4월 5일,《월 스트리트 저널》은 '북한과의 데탕트가 하나의 옵션일 수 있다: 제재는 평양을 무너뜨리지 못하나, 평양은 중국과 거리를 두고 싶어 한다'라는 제목의 칼럼을 게재했다.[10] 필자 월터 러셀 미드Walter Russell Mead는 허드슨연구소 연구원이자 바드칼리지Bard College 교수로, 국제문제 칼럼을 오랫동안 이 신문에 써왔다.

그는 2014년 서방이 주도하는 자유주의적 세계 질서를 수정하려고 하는 중국과 러시아가 대두하여, 새로운 지정학의 시대가 도래했다고 통찰했다.[11] 2016년 트럼프의 대통령 당선 이후 2017년에 발표된 미국의 '국가안보전략'에서 그가 인식했던 새로운 국제 현실이 그대로 반영됐다. 칼럼의 골자는 다음과 같다.

지난 30년간 미국의 정책 당국은 솔깃한 목표를 추구했다. 그것은 북한이 보유한 핵무기를 폐기하고 비핵화를 달성하는 것이다. 정치적으로 미국 대통령이 이 목표를 버리기는 힘들지만, 현실적으로 이 목표를 실현하기는 어렵다. 실제로 북한의 핵무기는 계속 늘어나고 미사일 성능은 더 좋아지고 있다. 북한이 핵탄두를 장착한 대륙간탄도미사일로 미국 본토를 타격할 날도 머지않았다.

따라서 월터 러셀 미드는 실현 불가능한 목표를 확고히 추구한다는 건 지혜롭지도 않고, 성공 확률도 낮은 게임이라고 주장한다. 1990년대 미국 일극 시대에는 불가능한 꿈을 꿀 수 있었다. 하지만 오늘날 미국에 적대적인 러시아가 부상하는 중국과 손잡으면서 냉전 이후 미국에 가장 심각한 위협이 되고 있다. 그러므로 미국의 외교 전략은 더 현실적일 필요가 있다는 것이다.

북핵 문제가 북미 관계의 유일한 이슈는 아니다. 북한은 팽창주의 국가인 중국과 국경을 맞대고 있는 소국이며, 중국에 대한 외교적·경제적 의존도가 아주 높다. 주체사상을 신봉하는 북한에 이러한 의존은 나쁜 상황이고 두려워해야 할 현실이다. 미드는 북한의 외교 전략은 북한의 현 체제를 유지하는 수단이며, 북한은 정치 체제를 변경하거나 핵억지력을 포기할 생각이 없음을 간파했다. 중국이 강해질수록 북한은 더욱더 중국과 거리를 두려고 하며, 이는 냉철한 현실적 논리에 따른 것임을 그는 강조한다.

조건이 맞으면 북한의 외교 정책은 순식간에 변할 수 있다. 북한 지도부는 내부적으로 누구에게도 책임을 지게 하지 않기 때문에 언제든 쉽게 방향을 바꿀 수 있다. 그는 김정은이 트럼프와 우호적 관계를 맺으려 한 것으로 보아, 북한은 미국과 새로운 관계를 맺으려고 하는 듯하다고 생각했다. 이런데도 제재를 가하면 북한이 무릎을 꿇을 것으로 생각한다면 이는 헛된 희망이라는 분석이다. 중국, 러시아는 미국과 관계가 악화되면 북한에 대한 제재를 느슨하게 할 것이기 때문이다.

그는 불가능한 걸 이루려고 헛된 전략을 궁리하는 대신 바이든 정부가 북한을 중국의 영향권에서 이탈하게 함으로써 무슨 이익을 얻을 수 있는지 생각해 보는 편이 낫다고 조언한다. 일본인 납치 문제를 다루거나 한반도의 긴장을 완화하거나 미사일·핵 실험 유예를 협상하는 것은 미국과 북한에 도움이 되는 방식이며, 이를 통해 동북아시아를 안정시킬 수 있다고 보는 것이다. 그는 핵이슈를 유보하는 데탕트가 미국의 동맹을 통합하고, 중요한 지역에서 우호적인 세력 균형을 이룰 수 있는 방법이라고 역설한다.

그는 과거에도 미국이 도덕적 원칙과 타협한 적이 있다고 역설한다. 제2차 세계대전 때 히틀러에 대항하기 위해 스탈린과 손을 잡았던 것이다. 소련에 대항하기 위해 중국과 연대한 적도 있다. 따라서 중국과 전면적으로 대립하면 도덕적으로 옳지 않은 선택을 할 수밖에 없을 테니 가능하면 그런 대립은 피해야 하는 것이다. 하지만 지금처럼 중국과 대립이 지속되면, 미국은 북미 간의 관계가 어떻게 이뤄져야 하는지에 대해 깊이 생각해 볼 필요가 있다. 북한은 어렵고 위협적인 존재이지만, 인도태평양 지역에서 미국의 전략적 이익에 가장 심각한 위협은 아니다. 그러므로 기존과는 다른 대안을 모색하는 게 바람직하다고 그는 제안한다.

한마디로 그는 미국의 최대 경쟁국인 중국을 견제하기 위해 북한을 활용하는 것이 미국과 그 동맹국들의 전략적 이익에 부합한다고 조언했다.

빈센트 브룩스_ 북한을 포용하는 동아시아 질서 모색

2021년 7월, 한미연합사 전 사령관 빈센트 브룩스Vincent Brooks가 전 부사령관 임호영과 함께《포린 어페어스》에 '북한과 대타협: 평양의 경제적 곤경이 평화의 기회를 제공한다'라는 글을 발표했다.[12] 임호영 전 부사령관이 공동 필자이나, 주 저자는 빈센트 브룩스인 것으로 보인다. 이 글의 핵심을 살펴보겠다.

그는 최근 북한의 변화에 주목한다. 2021년 1월, 8차 노동당 대회에서 북한은 김정일의 선군 정치에서 인민대중제일주의 노선으로 전환했다. 이는 군보다는 당을 우위에 두겠다는 뜻으로 해석된다. 또, 김정은은 북한의 침몰하는 경제를 회생시키는 데 역량을 집중하기로 했다.

북한은 군사 면에서 자제하는 모습을 보이고 있는데 이 역시 중요한 변화다. 예를 들어 2020년 10월, 군사 퍼레이드에서 북한은 최신 대륙간탄도미사일인 화성 17형을 선보였으나 미국을 직접 언급하거나 공격적인 표현을 하지는 않았는데, 이는 2018년 9월에 있었던 퍼레이드와는 대조적인 모습이었다.

그는 이런 변화가 김정은이 북한의 악화된 상황을 인식하고 있음을 드러낸다고 말한다. 북한 경제는 코로나19 사태, 국제 제재, 자연재해로 인해 심각한 곤경에 처했다. 식량난도 가중됐다. 2020년 북한 경제는 8.5퍼센트 하락했다. UN식량농업기구FAO는 북한의 기본 식량에 대한 수요가 공급에 비해 97만 톤 더 많다고 추정했는데, 김정은 역시 식량 문제의 심각성을 자인했다. 김정은은 경제를 북한의 최우선 과제로 내세우고 인민대중제일주의를 강조하며 당 간부들과 관료들에게 압박을 가하고 있다고 한다.

그는 북한이 미국과 대화의 문을 닫지 않기 위해 군사적 행동에 신중을 기하고 있다고 분석한다. 미래에 북한의 경제 안정을 보장할 유일한 국가가 미국이라는 것이다. 그는 미국과 한국이 북한의 이런 변화를 기회로 만들어 북한의 안정, 특히 경제 문제를 해결하는 대가로 비핵화를 진전시키고, 북한의 중국 의존도를 축소시키며, 북한을 미국 주도의 자유주의 국제질서에 통합시켜야 한다고 역설한다.

과거 미국과 한국은 북한의 행태를 변화시키기 위해 군사적 압박, 국제 경제 제재, 중국의 협조를 통해 압박하는 방식을 택했지만, 새로운 대안은 제시하지 못했다. 즉, 중국의 경제적 지배 혹은 미국과 한국 동맹의 군사적 위험을 대체할 만한 새로운 접근법을 북한에 제시하지 못한 것이다. 그는 이런 위협에서 벗어날 대안이 필요하다고 말한다. 북한이 가장 원하는 것, 즉 경제적·정치적 곤경에서 벗어나는 길을 보여줘야 한다는 것이다. 그 대략적 로드맵은 다음과 같다.

첫 번째 단계로 한미는 북한과 새로운 관계를 구축하겠다는 메시지를 전해야 한다. 북한이 대화에 임하겠다는 자세를 보이면 한국과 미국이 인도주의적 지원과 의료 지원 방식으로 경제적 지원을 즉각 제공하는 것이다. 군사 면에서는 먼저 긴장을 완화하고 분쟁 위험을 최소화하려는 태도를 확고히 해야 한다.

그는 남북군사합의가 긴장 완화와 한국전쟁 종전 선언을 위한 가장 중요한 방책이라고 강조한다. 그는 한국과 미국이 전향적 발전을 바라는 확고한 태도를 표명하기 위해 과감하게 나서야 한다고 말한다. 예를 들면 북한과의 종전 선언을 검토할 수 있다는 것이다. 이는 한반도 정치에 근본적 변화를 가져올 것이다. 북한도 미국과 한국에 대한 언급에서 표현 방식을 바꿔 좀 더 우호적 표현을 사용할 것이다. 그는 이로써 더욱 신뢰를 구축할 수 있고, 나아가 한반도 비핵화와 북한이 진정으로 원하는 다면적 안전보장 체제를 구축할 수도 있을 것이라고 본다.

두 번째 단계는 북한과의 관계 개선과 중국에 대한 북한의 위상 재정립이다. 그는 한국과 미국이 북한 경제를 부흥시키기 위해 과감한 조치를 취해야 한다며, 미국이 인프라스트럭처 발전 펀드를 조성해 북한에 무이자로 10년간 자금을 제공하는 안을 예로 든다. 이는 중국을 넘어 북한 경제에 대한 영향력을 확대하는 일이라는 것이다. 그는 남북한 자유무역협정 체결도 예시로 든다.

경제 지원책은 북한의 중국에 대한 경제적 의존을 줄이는 데 도움이 된다. 따라서 한국은 적극적으로 투자를 관리하고 북한의 기초적 능력 구축과 사회발전을 지원해야 한다며 이 경제적 지원과 북한의 비핵화를 연계해야 함을 역설한다.

그는 한국과 미국이 북한과의 군사 관계도 정상화해야 한다고 말한다. 한국과 북한의 군사당국은 해상 분쟁을 방지하고, 중국 어선의 한반도 주변 불법 조업을 방지할 방법을 찾아야 한다는 것이다. 그는 이런 노력으로 분쟁을 방지하면 UN 군사령부의 역할은 축소될 것이라고 본다.

세 번째 단계는 평화협정 체결이다. 핵무기가 폐기되고 한국과 북한이 현실적으로 상대방을 침공할 수 없을 때 휴전협정을 대체할 협정을 추진한다는 것이다. 평화협정에 이르기 전에 북한이 상응하는 조치와 양보를 하도록 하는 게 핵심이다. 그는 한국과 미국이 이 과정에서 전략적 신중함을 견지해야 한다고 말한다.

마지막 단계는 평화협정을 넘어 한국과 미국이 북한을 한미동맹이 주도하는 질서에 통합시키는 것이다. 그는 한국이 북한에 대한 무역과 직접 투자를 주도적으로 담당하고, 미국이 국제금융을 제공하며 북한의 두 번째 큰 무역 파트너가 되어야 한다고 말한다. 한국과 북한의 자유무역협정이 인도태평양 무역 파트너십으로 확대되도록 함으로써 북한이 아시아 시장에 접근할 수 있도록 해야 한다는 것이다.

그는 이런 조치로 동북아시아에 새로운 경제 질서가 공고해지면 군사적으로 항구적 평화가 올 것으로 예상한다. 정치적으로 북한과의 새로운 관계를 맺으면 동북아시아에서 중국의 영향력을 축소시키는 방향으로 세력 균형이 이뤄지게 된다는 것이다.

그는 이 과정에 예상되는 난관을 짚고 넘어간다. 그중 가장 큰 문제는 중국이 북한 경제에 대한 독점적 지위를 쉽게 포기하지 않고, 한미의 외교적 행보를 방해하는 일이다. 그는 한미동맹 지도자들이 이런 난관을 뚫고 나가야 한다고 말한다. 이는 납득할 수 없는 현재의 한반도 현실로부터 또다시 전쟁을 치르지 않고 더 나은 미래로 나아가는 과정이라는 것이다.

빈센트 브룩스는 한반도 상황을 매우 잘 아는 인물이기에 구체적이고 현실적인 제안을 내놓았다. 그는 근본적으로 미국의 입장에서 동아시아의 세력 균형이 어떻게 이뤄져야 미국의 국익을 최대화할지를 고민한 것으로 보인다. 요컨대 그의 조언은 중국을 견제하기 위해 미국이 북한과 우호적인 관계를 맺는 것이 올바른 전략이라는 점이다.

미국, 북한을
전략적으로 인식하다

미중위원회의 중대한 보고서

북한에 대한 전략적 시각 조정은 미국 외교 안보 엘리트들 사이에 초미의 관심사다. 미국의 공적 기관도 깊은 관심을 보인다.

그중 미중경제안보심의위원회United States-China Economic and Security Review Commission, 미중위원회는 2000년 10월에 미국 의회가 설립한 독립위원회로, 중국과의 무역 및 경제 관계가 국가안보에 미치는 영향에 관해 검토하고 의회에 의견을 피력한다. 중국과의 관계를 여러 측면에서 연구·검토하여 매년 의회에 보고서도 제출한다. 여기에서 제안한 정책은 상당수가 입법과 의정에 반영되기에 매우 무게가 실리는 기관이다. 의회에 제출하는 연례보고서를 비롯해, 연구진들이 중요 이슈에 대해 조사하고 검토한 보고서도 발간한다.

그중에서도 2022년 1월 24일에 내놓은 「중국-북한의 전략적 균열: 그 배경과 미국에 대한 함의*The China-North Korea Strategic Rift: Background and Implications for the United States*」라는 보고서는 매우 중요하므로 상세히 살펴볼 필요가 있다. 그 핵심 내용은 다음과 같다.

2018년 이래 중국은 북한에 대한 영향력을 유지하고, 북한이 중국의 영향권에서 이탈하지 못하도록 노력했다. 시진핑은 김정은과 회담을 이어왔고, 중국은 UN 제재를 위반하면서까지 북한과 합법·불법 무역을 해왔다. 북한 무역의 90퍼센트 이상을 차지하는 중국이 북한이 제재를 위반해 외화를 획득하게 해주면서까지 북한의 경제적 의존을 공고히 해온 것이다. 이로 인해 북한에 대한 국제사회의 압박을 무력화시켰다.

따라서 북한 비핵화에 관한 미중 간 협력은 북한과 전면적 관계 단절을 꺼리고 북한의 외교 정책에 대해 영향력을 잃지 않고자 하는 중국이 존재하는 한 한계가 있다.

반면 북한은 북중 관계에 대한 공식적 긍정에도 불구하고 중국과 일정한 거리를 유지하고 있다. 그래서 국경을 엄격히 통제하며 코로나19 백신을 제공하겠다는 중국의 제안도 거절했다. 북중 간의 전략적 균열은 2018년, 2019년에 점차 뚜렷해졌다. 2018년 이래, 북중은 각각 미국과의 협상에서 그들의 관계를 이용해 외교적 이익을 얻거나 협상력을 확보하려고 했다.

중국 정부 측 전문가들은 북한이 미국과 협상하게 되면 중국의 이익을 침해할 것이라고 우려했다. 실제로 당시 북미 회담으로 북한이 한국, 미국과 협상하면서 자신들의 이익을 침해하지 않을까 하는 중국의 두려움이 다시금 부상했다. 북한이 중국을 '천년의 적'으로 규정하고, 잠재적으로 중국의 영향력을 견제하기 위해 미군이 한국에 장기 주둔하는 걸 용인하겠다고 한 점 등으로 미뤄 보아, 중국은 북중 간의 긴장을 인식하고 있었다.

이처럼 북중 간에는 동맹 조약과 긴밀한 경제 관계에도 불구하고, 상호 불신, 원한, 심지어 반감도 있다. 양국은 동맹이었지만 70년 이상 쌓인 긴장과 적대 의식으로 서로를 대해 온 것이다.

이 같은 적대 의식은 역사적 배경을 살펴보아야 이해할 수 있다. 중국은 1949년 건국 이래 이웃의 소국인 북한의 내정 및 외정에 계속적으로 개입하려 했다. 한편 북한은 중국과 긴밀한 관계를 유지하되, 종속적 역할은 거부하고 중국의 영향력을 견제하기 위한 조치를 취했다. 중국 지도자들은 중국이 우선적으로 추구하는 정책을 북한이 거부하자 좌절했고, 1950년대 이래 북한이 미국 등 외국과 동맹을 맺어 중국에 해를 입히지 않을까 우려했다.

북한과 중국의 긴장 관계

중국은 북한에 대한 지배권을 확립하려 하고, 북한은 중국의 영향력을 경계하면서 두 나라 사이에 긴장이 조성됐다. 중국은 한국 전쟁에 대규모로 참여했지만 양국 간의 마찰은 줄지 않았다.

1952년 2월경, UN 연합군과 휴전협정을 맺고 싶다는 김일성의 요구를 마오쩌둥이 무시한 일은 북한이 모욕감을 느낀 순간 중 하나다. 마오쩌둥은 전쟁을 장기화해 중국의 지정학적 목표를 달성하려고 했다. 역사학자 천지엔陳兼에 의하면, 그 목표 중 하나는 중국 공산당이 동양의 혁명을 이끄는 데 도덕적으로 우월한 위치에 있음을 북한과 다른 나라들이 인정하게 하는 것이었다. 그러나 휴전 후 북한은 중국이 한국전쟁에 중대한 기여를 했다고 인정하려 하지 않았다.

전후에도 양국 간 긴장은 지속됐다. 중국은 대규모 군대를 북한에 주둔시켰고, 김일성은 중국의 영향을 받는 북한 지도자들을 숙청한 후 북한에 대한 군사 개입을 검토했다. 중국과 소련은 1956년에 김일성이 축출한 친중국·친소련 인사들을 복직시켰는데 그때 마오쩌둥은 소련 지도자들에게 북한이 사회주의 진영을 배신하고 서방 쪽으로 이탈할 것이라고 경고했다. 그러면서 그해 초 소련의 군대가 헝가리에서 개입했던 것처럼 북한에 주둔하던 중국군을 이용해 김일성이 과오를 시정하도록 하겠다고 제안하기까지 했다. 몇 년 후 김일성은 이 당시 마오쩌둥이 이같이 말했음을 듣고, 북한을 중국의 식민지로 만들고자 하는 중국의 정책을 비난했다. 중국군은 북한에 1958년까지 주둔했다.

중국이 외교와 경제에서 미국 편으로 방향을 전환하자, 북한은 중국이 미국, 한국, 일본을 비롯한 다른 자본주의 국가들과 더 가까워지면서 북한의 이익을 침해하지 않을까 우려했다. 몇 년 후 북한이 미국과 직접 접촉을 시도한 것은 이 때문이다. 또, 1979년에 베트남이 독립적 행보를 보이자 중국은 과거 동맹이던 베트남까지 침공했는데, 이 일이 양국 간 불신의 골을 깊게 했다.

북중 간의 긴장은 1992년 한중 수교로 인해 심화됐다. 이는 북한으로서는 중국의 최대 배신이라고 할 사건이었다. 이 사건으로 북중 간의 전략적·경제적·정치적 기초는 완전히 무너졌다.

소련 해체와 한중 수교 후, 북중 간 긴장은 새로운 단계로 진입했다. 1990년대에 중국은 더 한국과 가까워졌고, 북한은 외교적으로는 미국과 관계 개선을 시도하면서 핵무기 개발 프로그램을 가속화했다. 중국은 핵이나 미사일 프로그램과 관련해 파키스탄이나 이란에 제공했던 수준의 도움을 북한에는 제공하지 않았다.

북한은 1990년대 초 무렵 미국과의 관계 정상화가 중국과 러시아의 잠재적인 위협에 대항하기 위한 전략적 과제라고 판단했고 1990년대 후반이 되자 가능하다면 중국에 해를 끼치더라도 미국과 관계를 개선하려고 했다. 이 무렵에 북한은 대만과도 경제적·문화적으로 관계를 발전시키려고 했는데, 이것이 중국의 화를 돋우었다. 1994년에 권력을 승계한 후 김정일은 6년간 중국을 방문하지 않았다.

북한은 1990년대에 핵개발 프로그램을 진행하는 한편, 한반도 평화협정을 맺기 위한 다자간 협의에서 중국을 배제하려고 했다. 중국의 영향력을 제한하려고 한 것이다. 미국 협상 대표가 평화협정을 위해 1996년 중국을 포함한 4자회담을 제안했을 때, 북한은 그 일은 중국과 아무 관련이 없다면서 중국의 관여를 반대했다.

북한이 6자회담에 참여하기로 한 것은 다자회담은 미국과의 양자 회담으로 신속히 전환될 것이라는 중국의 말을 들은 2003년 이후였다.

북한이 주한 미군을 반대하지 않는 방향으로 전환한 것은 중국을 경계한다는 또 다른 신호였다. 북한은 미국을 잠재적인 정치적·군사적 위협으로 인식하면서도, 1990년대 초 이래 공개적으로 미군의 한반도 주둔을 용인할 수 있다는 언급을 했다. 2000년 10월 미국 방문 시, 북한의 국방위원회 제1부위원장 조명록은 북한 지도자 김정일은 미군이 한반도에 장기적으로 주둔하는 걸 받아들이려 한다고 밝혔다. 김정일도 그해 초에 이미 미군은 통일 후에도 계속 주둔해야 한다는 한국의 입장에 동의하면서 동일한 취지의 발언을 했다. 그 경우 미군은 동북아시아에서 안정을 유지하는 역할을 할 것이었다.

북중 간 전략적 긴장에도 불구하고, 1990년대에 중국은 북한에게 외교적 지지와 경제적 지원을 계속 제공했다. 중국은 북한에 수입 식품의 주요 공급자였다. 다만, 이전과 달리 시장가격을 근거로 무역을 하려고 했다. 그 결과 북중 무역 규모는 크게 축소됐다. 1990년대 중반에 북한에 대한 식량 수출은 크게 줄었고, 이로 인해 북한 매체는 중국을 사회주의 이념의 배반자라고 공격했다. 그러나 이 시기에 북한의 기근이 심해지자 중국은 지원을 재개했다.

2000년부터 10년간, 중국은 꾸준히 북한에 대한 경제적 영향력을 확보했다. 북한 경제가 악화되고 북한에 대한 국제 제재가 시행되자, 북한은 중국과의 무역과 중국의 경제 지원에 더 의존하게 됐다. 주변 국가와의 외교 관계가 더 나빠지자, 중국이 무역에서 차지하는 비중은 더 커진 것이다.

중국은 2006년 북한의 1차 핵실험 후, 사치품과 무기의 북한 유입 금지, 금융자원 공급 제한 등의 UN 제재에 찬성했다. 그래도 북한의 대중 무역은 2006년 17억 달러에서 2012년 60억 달러로 증가했다. 북한 무역에서 중국이 차지하는 비중은 2006년에 40퍼센트, 2012년에는 70퍼센트에 달했다.

여기에는 한국이 2010년 천안함 피격 후 북한과 경제 교류를 제한한 영향이 컸다. 한편, 북한과 일본의 무역은 양국 긴장이 다시 고조되고 일본이 북한의 핵능력을 우려하면서 2000년대 초에 크게 감소했다.

김정은과 시진핑의 게임

북중 관계는 김정은과 시진핑이 권좌에 오른 후 다시 얼어붙었다. 김정일 집권기 중 마지막 몇 년 동안에는 접촉이 늘어나고 거래도 증가했는데, 양국 지도부가 새로 들어선 후에는 겉으로는 미소를 보이지만 막후에서는 경멸의 표현을 주고받는 사이로 변했다. 시진핑과 김정은이 집권 후 수년간 상대국을 방문하지 않은 것도 양국의 외교 관계를 더 꼬이게 만들었다.

두 나라 간의 긴장은 중국과 밀접히 연관된 인물들에 대한 북한의 조치로 인해 더 고조됐다. 2013년, 김정은은 중국 지도부와 가까운 장성택을 처형했다. 2017년에는 이복형 김정남도 암살했다. 그는 마카오에서 중국의 보호를 받으면서 생활했고, 중국과 그 경제 시스템을 추종한 인물이었다. 난징대학교 국제관계학 교수 주평朱鋒은 김정남의 암살이 공개적으로 이뤄진 점은 북한이 중국을 완전히 경멸한다는 표현이라고 해석했다.

외교적 긴장에도 불구하고 북중 간 경제 관계는 불법 활동과 금융 네트워크가 성장하면서 더 깊어졌다. 중국에 북한 노동자가 유입되었고, 중국은 지난 10년간 북한의 악의적 사이버 활동을 지원했다. 이는 북한이 갈수록 힘들어지는 상황을 견딜 수 있게 해주는 숨구멍이 되어주었다. 중국 정부의 느슨한 규제 덕에 북한이 외화를 획득할 수 있는 창구가 여러 개 생겼다.

김정은 집권 후 중국은 그에 대한 영향력을 강화하려고 했지만 그 성과는 모호하다. 중국의 직접 투자는 2012년 1억 900만 달러에 달했는데, 이는 김정은이 경제특구와 지역 개발에 집중했기 때문이다. 중국은 김정은이 경제성장에 역점을 두는 만큼 김정일의 정책과 결별할 수 있다고 봤다. 2012년 정점에 달한 후 중국의 투자는 점차 감소했지만, 중국은 여전히 북한의 최대 직접투자 국가다. 북한의 참담한 경제 상황에 좌절한 김정은은 2016년 7차 당대회에서 중국 의존도를 낮추는 다변화를 추진하고, 중국의 개혁개방을 비판했다. 그럼에도 중국은 2015년 북한 전체 무역의 64퍼센트를 차지했고, 2016년에는 그 비율이 88퍼센트로 증가했다.

북중 간 균열은 2016년과 2017년에 더 악화됐다. 북한이 도발적인 핵과 미사일 실험을 여러 차례 했기 때문이다. 이 중 몇 번의 실험은 중국을 난처하게 하거나 화나게 하려는 의도를 품고 있었다.

2017년에 북한은 트럼프와 시진핑이 플로리다에서 회담하기 직전에 미사일 실험을 했고, 베이징에서 일대일 포럼이 열리기 바로 직전에도 실험을 했다. 특히 시진핑이 참가국 대표들 앞에서 연설하기 몇 시간 전에 이뤄진 실험은 중국에 대한 모욕으로 비칠 수도 있었다. 2017년 9월의 북한 핵실험도 중국 샤먼에서 시진핑이 브릭스BRICS 정상회담에서 연설하기 몇 시간 전에 이뤄졌다.

2017년, 중국은 러시아와 함께 고강도의 북한 제재를 내용으로 하는 UN 안전보장이사회 결의안에 찬성했다. 이는 북한의 석탄과 섬유 수입 금지, 북한 개인과 기관에 대한 자산 동결, 북한에 대한 원유와 천연가스 수출 금지, 북한 노동자의 송환 요구 등이 골자였다. 이 제재로 북한 경제는 큰 타격을 입었다. 수출의 약 69퍼센트를 차지하는 석탄과 섬유 제품의 판로가 막혔기 때문이다.

중국은 제재 부과 초기 몇 년 동안은 이를 준수할 의지를 보였다. 2016년에는 UN 제재로 금지된 북한 석탄과 다른 제품의 수입을 거부했고, 다음 해 북한에서의 수입이 실제 87.6퍼센트 감소했다. 중국의 북한과의 총무역은 2017년에 13.2퍼센트 감소했는데, 그 금액은 53억 달러에 달한다. 2018년에는 무역 규모가 27억 달러, 즉 48.2퍼센트 감소했다. 하지만 여전히 중국은 북한의 주된 무역 파트너로, 2017년과 2018년에는 그 비중이 북한 전체 무역의 95퍼센트에 달했다.

중국 전문가들은 북한을 거칠게 비판했다. 북한이 중국에 무거운 부담이라고 하거나, 북한이 동맹이라기보다는 '중국의 잠재적 적'이라고 주장한 사람도 있다. 반면《자유아시아방송》에 따르면 2018년 초, 북한 노동당 중앙위원회의 명령으로 북한 관료들은 매우 뿌리 깊은 반중 정서를 부추겼다. 한 고위 관료는 공개적으로 중국이 북한의 '천년의 적'이라고 하기도 했다.

중국 내 일부 진영에서는 2017년에 북한의 위협이 증가하자 북한 체제 변화를 검토하기 시작했다. 스팀슨센터Stimson Center 연구책임자 윤선에 의하면, 변덕스럽고 호전적인 북한 체제는 중국의 이익에 대한 심각한 위협이자 외교적 접근을 우선하는 중국의 전략을 부정한다고 보는 견해가 힘을 얻었다. 핵실험 장소가 중국 국경에 인접한 점을 고려할 때 북한이 국경안보에 관한 중국의 중대한 이익을 무시했고, 중국 지도부의 실험 자제 요청을 외면했다고 해석한 것이다. 그래서 이 견해를 따르는 사람들은 이 위협에 대한 가장 직접적 해법은 북한의 지도자를 교체해 신속히 비핵화를 추진하고, 장기적으로 중국식의 경제 개혁을 따르는 새 지도부를 구성하는 것이라는 입장을 취한다.

2017년 내내, 중국은 군사 위기에 대비해 북중 국경선 부근에 방어 태세를 강화하고 군사 준비를 보강했다. 중국 지도자들은 또 미국과 북한의 분쟁 시나리오에 대한 군사계획을 의논하기로 합의했다. 이전에는 중국이 논의를 거부했던 아주 민감한 이슈다. 중국의 영향력 있는 전문가들은 북한이 중국에 대해 공격적인 태세를 취하고 핵무기와 미사일로 중국 영토를 위협할 가능성이 있다며 공개적으로 우려를 표했다.

전례 없는 두려움 속, 중국의 발 빠른 대처

2018년에 북미 관계가 갑자기 변하자, 북한에 대한 중국의 태도가 급변했다. 중국은 지역 안보를 위협할 북미협상을 무력화하기 위해 재빨리 움직였다. 미국이 북한의 정상회담 제안을 수용한 직후 중국에서는 김정은을 초대했고, 중국 매체는 김정은의 방문을 중국의 승리라고 표현했다. 중국은 트럼프-김정은 회담에서 소외되지 않으려 노력했다.

《워싱턴 포스트》 베이징 특파원이었던 애나 파이필드Anna Fifield도 2018년 초의 사태가 상황을 변화시켰다는 의견을 제시했다. 시진핑은 갑자기 김정은과의 회담에 흥미를 보였고, 북중정상회담 중 4회는 중국에서, 1회는 북한에서 가졌다. 한반도에서 지정학적 변화가 급격히 이뤄지는 가운데 양국은 자국의 이익을 증진하기 위해 태도를 바꾼 것이다.

북미가 정상회담을 준비하자, 중국의 한반도 전문가들 사이에서는 비핵화 회담과 한반도 평화협정 협상에서 중국이 배제되지 않을까 하는 우려가 퍼졌다. 중국은 미국이 북한의 안보를 보장하는 대가로 북한이 미국에 양보할 것에 대해 특히 우려했다. 일부 중국 전문가들은 북한이 중국의 이익을 해치면서 한국 및 미국과 전략적 관계를 새롭게 바꿀 것을 걱정했다.

화동사범대학교 교수인 션즈화沈志華는《뉴욕 타임스》인터뷰에서, 중국에 최악의 사태는 한국, 미국, 북한이 한편이 되고 중국이 패배하는 것이라고 했다.

김정은과 시진핑의 정상회담 한 달 후인 2018년 4월, 중국의 두려움은 전례 없는 수준에 이르렀다. 한국과 북한은 한국전쟁 종전을 선언할 수 있다는 성명을 발표했는데, 중국은 이 선언에서 배제될 수도 있었다. 중국 관영 매체《글로벌 타임스Global Times》는 중국은 비핵화 협상에 불가결하며 소외될 수 없다고 목소리를 높였다. 이는 북핵과 관련된 한반도 불안정은 오로지 북중 양국의 대화로만 해결될 수 있다는 중국의 오랜 주장을 뒤집은 것이다.

중국은 발 빠르게 움직여 북한과의 관계를 개선했다. 같은 해 5월에 문재인 대통령과 회담하기 전에 김정은을 초대했고, 6월에는 싱가포르에서 트럼프와 회담을 마친 김정은을 다시 초대했다. 중국의 영향력은 싱가포르 회담에서 느껴졌다. 김정은은 중국 정부가 소유한 중국국제항공 보잉 747-400 제트기를 타고 싱가포르에 도착했는데, 이는 시진핑이 이용하는 기종이었다. 한편 중국은 북한에 대한 경제 제재를 완화했다. 식량 지원을 늘리고 중국인의 북한 단체 관광을 재개했으며 양국 간 비행도 재개했다.

2019년 2월, 하노이 회담에서 북미가 비핵화 합의에 이르지 못했음에도 중국은 북한이 계속 미국과 관계를 맺을 것을 우려했다. 앞서 말했듯 2019년 6월, 시진핑은 최초로 북한을 방문했는데 이는 14년 만의 중국 최고지도자의 방북이었다. 연세대학교 교수 존 델러리John Delury에 의하면, 이는 중국의 강함보다는 약함을, 김정은이 배반할지도 모른다는 중국의 불안을 보여준 사건이었다.

중국 언론은 시진핑의 방북을 대대적으로 보도했지만 방문 일정은 짧았고 실행 가능한 결과는 없었다. 방문 전에는 식량 및 개발 지원, 새 경제 협정이 있을 것이라고 추측했지만 어떤 합의도 발표되지 않았다.

중국 외교부 부장 왕이가 2019년 9월에 북한을 방문했지만 양국 관계는 개선되지 않았다. 중국은 항상 북한의 동지이자 친구로서 행동하겠다고 선언했지만, 김정은은 왕이를 접견하지 않았다. 이는 2018년 4월에 더 낮은 직급의 중국 관료를 접견했던 것에 비하면 외교적인 냉대다.

북한은 시진핑의 역점 사업인 일대일로 사업에도 참여하지 않았다. 이탈리아, 오스트리아, 포르투갈 등 40개 국가 정상이 2019년 2차 일대일로 포럼에 참석했는데, 북한은 1차 정상회담 때처럼 대외경제 관계를 담당하는 장관을 보냈을 뿐이었다.

중국 역시 2016~2017년에는 북한에 대한 UN 제재를 예외적으로 엄격히 준수했는데 2019년에는 이를 완화한 점에서도 중국의 태도 변화를 읽을 수 있다. 그해에 중국은 공식적으로는 북한 수입을 중단했지만 북한에 대한 수출은 13.9퍼센트 늘렸다. 양국이 인적 교류를 제한하긴 했지만, 중국은 북한에 대한 제재를 추가로 완화했다. 시진핑의 북한 방문 후, 중국은 북한 노동당 고위 간부와 북한군 간부의 중국 방문을 허용하기도 했다.

2018년에 중국이 제재를 준수하지 않았다는 증거도 있다. 석탄과 다른 금지 품목의 대규모 불법 운송을 허용하고, 북한 노동자들을 받아들였으며, 비공식 무역과 불법 자금 이전을 눈감아주었던 것이다. 2019년에 중국은 UN에서 북한 제재 완화를 논의했다. 특히 2017년 8월에 제재 이전 북한의 주요 수출품이었던 해산물과 광물에 대한 제재 완화도 논의에 포함됐다.

2020년과 2021년 초, 코로나19로 북한의 무역이 거의 끊긴 가운데 중국은 북한과 관계를 개선하려고 노력했다. 북한은 바이러스 확산을 막기 위해 중국 쪽 국경을 봉쇄했고, 두 나라 간의 무역은 2020년에 80퍼센트 이상 하락했다. 한국은행 추산에 의하면 2020년 북한 경제는 4.5퍼센트 하락했다.

그럼에도 중국은 UN 제재를 위반하면서까지 북한과 비공식 무역을 유지했던 것이다. 예를 들면, 연간 50만 배럴 정유 공급이 UN 제재에서 허용한 한도인데, 2020년 중국은 160만 배럴을 불법적 방식으로 북한에 공급했다. 2021년 9월 보고에 의하면, 중국 정부는 자국의 에너지가 부족해지자 북한에서의 석탄 밀수에도 눈을 감았다.

북한과 중국의 여전한 거리

2020년 4월 하반기, 중국은 북한의 경제 사절단을 맞아 무역과 식료품 수입 강화를 논의했다. 이어서 2021년 3월, 북한 사절단은 중국을 방문해 건설 자재 구입과 여행 프로젝트를 의논했다.

북중 간 철도 무역은 원래 예정됐던 2021년 봄보다 1년 늦은 2022년 1월에 재개됐으나, 북한은 중국 트럭의 화물 운송은 여전히 금지했다. 2021년 11월, 중국과 러시아는 2019년과 마찬가지로 북한에 대한 제재 완화를 촉구하는 결의안을 UN 안전보장이사회에 제출했다.

2017~2018년에 북한에 가했던 중국의 비판과는 대조적으로, 2020년 10월에 시진핑은 북한이 사회주의 건설에 있어서 뚜렷한 성과를 냈다고 축하하고 김정은의 강력한 리더십을 높이 평가했다. 2021년 초, 중국 국영 매체는 김정은이 시진핑과 미국의 새로운 압력에 직면해 양국 협력의 중요성을 강조하는 메시지를 교환했다고 보도했다.

그러면서도 중국은 북한이 미국과 관계할 수 있다는 우려를 거두지 않았다. 2021년 8월, 중국사회과학원 리난李楠 박사는 중국을 견제하기 위해 북미가 더 긴밀한 관계를 맺을 수 있다는 점을 중국이 걱정하고 있으며, 이런 지정학적 전환은 냉전시대에 소련을 견제하기 위해 미중 관계를 개선한 데 비견할 만하다고 썼다.[13]

하지만 두 나라 간에 정치적으로 민감한 경제협력은 중단된 것으로 보인다. 2019년, 시진핑은 양국을 연결하는 새로운 압록강

다리의 건설 자금을 제공하겠다고 했지만 2021년까지 개통되지 않았다(2025년 2월 현재까지도 개통되지 않고 있다).

전문가들은 이 사업이 북중 국경 부근에서 대규모 접촉 포인트가 만들어지는 것을 북한이 기피해서 중단된 것으로 추측한다. 물론 자금 제공 의무에 관한 의견 차이도 원인이었을 것이다. 다리의 중국 쪽 부분과 지지 구조물은 2014년에 완공됐는데, 북한 쪽 연결 구간은 아직 완공되지 않았다.

북중 갈등은 미국의 기회

북중 긴장은 중국 외교가 직면한 큰 도전 과제다. 중국의 유일한 조약 동맹국인 북한의 불신은 인도태평양 지역과 그 너머로 영향력을 확대하려고 하는 중국에 걸림돌이 되기 때문이다. 북한에 대한 중국의 경제적 영향력은 상당하지만, 북한이 중국을 부정하고 중국에 피해를 입히는 걸 막지는 못한다. 마찬가지로 중국이 북한에 대한 경제적 무기를 가지고 있다고 해서 북한의 핵무기 프로그램을 제어하지는 못한다. 북한은 중국에 대한 과도한 의존에서 벗어나려고 노력하며, 미국과의 연대도 그 노력의 일환이다.

중국은 북한이 중국을 배제하고 미국과 협상해서 중국의 안보를 해치려는 시도를 무력화하고자 할 것이다. 북미 대화가 2018년에 시작된 이래, 중국은 북한이 자국 영향권을 벗어나지 못하게 하려 노력했다. 이미 UN 제재를 위반해 가면서까지 북한에 대한 외교적·경제적 지원을 늘려온 만큼 중국은 북한에 압력을 가해 자국의 이익을 지킬 것이 자명하다.

이 같은 북중 간 분열은 미국에 기회를 제공한다. 북한은 중국이 내정과 외교에 부당한 영향력을 행사하게 둔 적이 없다. 늘 다른 강대국과 관계를 강화해서 중국의 영향력을 견제하려고 했다. 2018년, 미국과 협상하기 전에 북한은 핵무기 프로그램을 포기하는 조건으로 미군 철수 요구를 철회했다. 한국과 일본 양국이 2018년 이래 미국과 공동으로 북한과 협상하려고 하고 있으며, 미국은 이 동맹국들과 함께 공통의 이익을 강화하기 위해 일할 수 있을 것이다. 종전선언 제안은 미국에 이 동맹들과 함께하는 또 다른 외교 기회를 만들 것이다.

지정학적 현실이 변하면 국제관계는 달라진다. 특히 미국과 베트남의 화해 같은 사안이 그렇다. 과거 중국의 동맹국이었던 베트남은 중국의 통제를 거부하고 미국과의 전쟁 갈등을 성공적으로 극복했다. 한국과 북한 간의 군사적 대립을 해소하게 되면, 미국은 한반도를 안정시키고 동북아시아에서 영향력을 발휘할 수도 있다. 북중 간의 긴장을 인정하고 미국이 동북아시아 지역 동맹들과 공동으로 창조적인 외교를 진행하면, 공통의 이익을 도모할뿐더러 오랜 안보 문제를 해결하는 중요한 걸음이 될 것이다.

요컨대 미중위원회의 이 보고서는 북중 사이에는 내재적 갈등이 있고, 북한은 미국과 전략적으로 우호적 관계를 맺고 싶어하므로, 미국이 동맹들과 함께 북한을 활용해 미국의 주된 경쟁국인 중국을 견제하는 데 참여시키는 게 미국의 이익에 부합하고, 동아시아의 안정에도 기여할 것이라는 의견을 제시한다. 앞서 월터 러셀 미드의 칼럼이나 빈센트 브룩스의 글과도 일맥상통하는 이야기다.

미중위원회의 이 보고서는 미국의 공적 기관이 북한의 전략적 의미에 관해 미국 최고 전문가들의 의견을 토대로 전반적이고 상세히 작성한 것이고, 미중위원회는 미국 의회에 정책 제안을 하는 초당적 기구이기에 미국의 의회는 물론이고, 관련 행정부에서도 검토한다. 따라서 여기에 담긴 북한, 북중 관계, 북미 관계의 변화 방향 등에 관한 판단은 미국의 입법부와 행정부가 북한을 새롭게 인식하도록 하는 중요한 자료로 활용될 것이다.

그런데 이 보고서가 발표된 지 한달 후에 러시아가 우크라이나를 침공하면서, 미국 정부의 외교력은 모두 우크라이나로 향하게 된다. 동아시아 문제는 뒷전으로 밀렸다.

북한이 진정으로 원하는 것

한편 북한이 진정으로 원하는 건 미국과 관계를 정상화하는 것이다. 미국 국무부에서 한반도 업무를 오래 담당했던 로버트 칼린Robert Carlin과 스탠퍼드대학교 교수 존 루이스John Lewis는 2007년에 이미 이렇게 주장했다.

북한이 1991년 이래 꾸준히 원한 것은 미국과의 장기적이고 전략적 관계였다는 것이다. 이는 이념이나 정치철학과는 아무 관련이 없다. 북한의 지정학적 현실에 근거한 냉철한 계산에 따른 것이다. 이들은 주한 미군 철수는 북한이 진정으로 원하는 게 아니라며 북한은 자존심 때문에 명시적으로 주한 미군 주둔을 요구하기가 힘들 뿐이라고 말한다. 에너지, 식품, 제재 해제도 북한이 진정으로 원하는 게 아니라는 것이다.

미국이 북한과 공존할 의사를 보이고, 북한 체제와 지도부를 수용하며, 동북아시아에 관한 미국의 미래 구상에 북한이 참여할 공간을 제공하겠다고 한다면 북한을 설득할 수 있다. 북한은 중국과 일본에 대항한 장기적이고 큰 세력 균형 게임에서 자신이 미국에 유용하다고 믿는다. 중국도 이 사실을 안다. 북한은 본능적으로 이웃 국가들이 자신들에게 미치는 심대한 영향력 혹은 미래에 미칠 영향력을 완화해야 한다고 믿는다. 비핵화는 북한이 전략적 문제가 해결됐다고 믿을 때 가능하다. 즉, 미국과의 관계가 개선되어야만 한다. 그래서 북한은 그토록 미국과 단발적인 회담이 아니라 진지한 대화를 원한 것이다.[14]

북한은 미국과 전략적 관계를 맺고 싶어 한다. 미국이 북한의 지정학적 가치를 인식하고 북한을 포함해 동아시아의 전략적 구도를 새로 그린다면, 미국과 북한은 전략적 이익을 공유할 것이다. 핵심은 중국을 견제하는 것이다.

그동안 미국의 한반도 전략은 분단 체제 유지와 북한 위협의 적절한 관리였다. 2018년에 트럼프가 북미정상회담을 추진할 때만 해도 미국 행정부 관료들, 의회 의원들, 언론, 전문가 그룹의 북한에 대한 인식은 변함이 없었다. 그런데 트럼프가 김정은과 세 차례에 걸쳐 회담하면서 미국 정부는 북한을 더 깊이 이해했고, 그 전략적 가치를 새롭게 인식했다. 이는 중대한 변화였다.

트럼프 2기 정부는 북한과 관계를 개선하려 할 것이다. 미국의 전략적 이익 때문이다. 자국의 이익을 무엇보다 우선시하는 트럼프 아닌가. 미국이 최대의 라이벌인 중국을 견제하기 위해 북한을 전략적 구도에 끌어들이는 상황이 도래한다면, 한반도에는 엄청난 변화가 닥칠 것이다. 과연 우리는 어떻게 대응해야 할지 고민하지 않을 수 없다.

4장

한국

미·중·북 사이에서
활로를 모색하다

불안한 한국의 안보 현실

사실상 북한은 핵보유국

2025년 10월 30일, 평양 순안국제공항에 미국의 대통령 전용기 '에어포스원'이 착륙한다. 미국 제47대 대통령 도널드 트럼프가 천천히 손을 흔들며 트랩을 내려온다. 레드카펫 위에는 환하게 웃는 김정은 위원장이 기다리고 있다. 이어서 두 사람은 뜨겁게 악수를 하고 의장대 사열을 하기 위해 걸음을 옮긴다. 수많은 환영 인파가 몰려와 미국 국기와 북한 국기를 흔든다.

미국의 현직 대통령으로서는 최초로 북한을 방문한 트럼프는 그가 취임 전부터 예고한 대로 북미 관계 개선을 위한 역사적 행보에 나섰다. 한반도에 한국전쟁 이후 최대의 변화가 시작된 것이다.

이는 어디까지나 픽션이다. 트럼프가 정말 평양에 갈지는 아직 모르는 일이다. 하지만 그가 북한과 대화하겠다는 의지를 이미 여러 차례 표명한 만큼, 북미 간 대화가 진행되면 그의 임기 중 북한 방문도 불가능한 일은 아닐 것이다.

그는 당선자 시절, 북한 업무를 담당할 특사에 자신의 외교 책사인 리처드 그레넬Richard Grenell 전 주독일 대사를 임명했다. 또 알렉스 웡Alex Wong 전 미국 국무부 대북정책특별부대표를 백악관 국가안전보장회의NSC 수석부보좌관으로 지명했다. 그는 트럼프 1기 정부에서 열린 세 차례의 북미정상회담에 실무적으로 관여했던 인물이다. 이로써 트럼프는 조기에 북한과의 대화에 나설 준비를 마친 것이다.

먼저 트럼프의 의도를 알아야 한다. 트럼프는 북한과의 대화를 통해 무엇을 얻으려 할까? 트럼프는 북한의 전면적 비핵화는 비현실적인 것으로 여기고 여기에 시간을 낭비하고 싶어하지 않는다. 북한 지도부는 핵능력이 정권을 지켜주는 유일한 수단이라고 믿기 때문에 정권안보에 대한 다른 대안이 마련되기 전에는 핵을 포기하기도 어렵다.[1]

트럼프는 북한과 거래를 하고 합의를 하려고 한다. 북한이 핵프로그램을 동결하고, 새로운 핵무기 생산을 중단하는 대가로, 경제제재를 완화하고 지원을 제공하려고 할 수 있다. 미국평화연구소의 동북아시아 전문가 프랭크 아움Frank Aum은 비교적 단기간에 완전 비핵화를 추구하는 대신 북한의 핵프로그램 동결을 먼저 추진

하는 게 현재 상황으로 보아 현실적 접근이라고 말한다.[2]

사실 바이든 정부에서도 그런 인식이 있었다. 바이든 정부 국무부 부장관 커트 캠벨Kurt Campbell도 북한에 대한 대담한 접근, 즉 미국이 비핵화에서 군비통제로 입장을 바꿀 것을 요구했다. 이는 미국이 북한을 사실상 핵보유국으로 인정하고, 북한에 대한 억지력을 제고하는 쪽으로 방향을 전환하는 것을 의미한다.[3]

미국으로서는 일차적으로 핵무기와 대륙간탄도미사일 등 생산을 동결하고, 북한이 핵무기 비확산에 동의하는 대가로 일부 제재를 완화할 수 있다. 그로써 북한 핵능력의 발전을 저지할 수 있다면 이득이다. 따라서 여기에 합의가 된다면 양국은 상호 연락사무소를 설치하고, 후속 협의를 계속할 수 있다. 북한이 미국의 안보에 직접 위협이 되는 전략 무기의 전부 혹은 일부를 폐기하는 등 전향적 자세로 나오면 미국은 휴전협정을 대체하는 평화협정 체결을 추진할지도 모른다.

미국이 북한의 핵동결을 전제로 제재를 완화하거나 지원을 한다면 북한을 사실상 핵보유국으로 인정하는 셈이다. 이는 그동안 미국이 고수해 왔던 NPT 체제를 무력화하는 것이기도 하다. 이렇게 될 경우 당장 한국의 안보 불안이 가중되는 점도 문제이지만 국제적으로도 핵의 비확산을 금지할 명분이 약해진다. 이는 미국에 상당한 부담이 될 것이다. 그럼에도 불구하고 트럼프 정부가 북한과 협상을 진전시키면 우리는 어떻게 해야 하나.

불확실한 핵우산

흔히 미국이 한국에게 핵우산을 제공하고 있다고 이야기한다. 이는 한국에게 핵무기 사용이 필요한 경우, 미국이 핵무기를 사용할 것이므로 한국이 자체 핵무기를 보유할 필요는 없다는 암묵적 합의를 지칭한다.

하지만 지금까지 미국의 어떤 대통령도 이를 직접적으로 표현한 적이 없다. 결국 미국 대통령의 결정에 달린 것이다. 이 같은 미국 핵우산 정책의 성격은 '계산된 모호성'이라고 할 수 있다. 이것이 북한 공격을 억지하는 데 가장 효과적이란 믿음에서 비롯된 정책이다.[4]

그러나 이런 모호성은 치명적 단점이 있다. 장차 미국 대통령이 핵무기 사용에 대한 언급 자체를 거부하거나 심지어 핵무기 사용을 전혀 고려해 본 적이 없다고 말할 수도 있다는 점이다. 이런 상황이 되면 한국의 핵보장과 북한에 대한 억지력 모두 심각한 위험에 처할 것이다.

한편, 북한이 대륙간탄도미사일과 핵무기를 개발하는 목적에는 미국 본토 위협도 포함된다. 그런데 북한의 핵무기와 탄도미사일 프로그램을 막기 위해 미국이 강압적 조치를 사용한 것으로 볼 만한 증거는 없다. 2022년 초 이후 약 열두 차례에 걸친 북한의 대륙간탄도미사일 관련 실험에도 미국은 의미 있는 대응을 하지 않았다. 어쩌면 미국은 북한과의 갈등이 고조되는 걸 우려하고, 강압적 조치가 심각한 사태로 발전하는 걸 원하지 않는 것으로 보인다. 이렇게 북한의 위협이 가시화됐을 때 별다른 강압적 조치를 취하지 않았기에 미국의 핵우산에 대한 신뢰는 흔들렸다.

미국은 한국이 미국의 전략핵무기가 북한의 핵위협을 무력화할 수 있다고 믿기를 바랄지 모른다. 하지만 미국 핵무기의 대부분은 러시아와 중국을 겨냥해서 운용되기에 북핵에 대한 실효성은 불투명하다. 특히 미국은 중국의 핵무기 위협이 증가함에 따라 중국 내 표적에 더 많은 전략핵무기를 투입해야 하는 상황이다.

한국은 미국이 더 효과적으로 대응하길 원한다. 그러나 미국의 대응 능력에는 한계가 있다. 미국은 더 이상 수만 개의 핵무기를 보유하고 있지 않다. 미국 핵무기 대다수는 냉전 이후 제거되었다. 이 시기에 전쟁에서 핵무기가 거의 필요없었고 핵군비를 통제해야 했기 때문이다. 2022년 현재 미국은 약 3,500개의 전략핵무기와 약 200개의 전술핵무기를 보유하고 있고, 이 중 상시 사용할 수 있는 전략핵무기의 수는 약 1,650개다.[5]

그러므로 미국이 전략핵무기 일부를 한국에 배치한다고 하더라도 그 수는 제한적일 수밖에 없다. 게다가 현재 미국의 전략핵무기 현대화 프로그램이 진행되고 있는데, 이는 사실상 기존의 미국 전략 핵전력을 더 적은 수의 핵무기로 대체하는 것이다. 그로 인해 사용 가능한 미국의 핵무기는 더욱 제한될 것이다.

약 200개에 달하는 미국 전술핵무기 중 100개는 북대서양조약기구NATO와 유럽에 배치되어 있으며, 나머지 100개는 그 외 지역을 위한 예비전력으로 미국에 배치되어 있다. 이렇게 예비전력의 수가 제한적이므로 미국이 수십 개의 전술핵무기를 한국에 배치할 여유는 없다. 또한 이러한 핵무기 투발에 사용되는 전투기 수도 매우 적다.

핵무기 저장 시설도 또 다른 제약 요인이다. 1991년 군산 공군기지에 저장된 핵무기를 미국이 철수했다. 군산 공군기지의 핵무기 저장 시설은 이후 30년 이상 핵무기 저장 용도로 사용되지 않았기에 미국이 한국에 핵무기를 배치하기 전에 설비 교체나 보수를 거쳐야 한다. 한때 오산 공군기지에도 핵무기가 저장됐었는데 여기에 저장되었던 핵무기는 1977년에 모두 제거됐다. 오산의 핵무기 저장 시설도 45년 이상 사용하지 않은 상태다.[6]

넓지 않은 한국의 선택 폭

북한의 핵개발에 대응하는 현실적인 전략

이런 상황에서 현실적으로 북한의 핵무력 증강에 대응하고 핵무기 및 핵심 핵물질 생산 동결을 압박하는 방안으로 다음과 같은 조치를 고려해 볼 수 있다.[7]

첫째, 군산 공군기지 및 경우에 따라 오산 공군기지의 미국 핵무기 저장 시설을 현대화하거나 새로 건축한다. 둘째, 태평양에서 작전 중인 미국 탄도미사일잠수함에 탑재된 핵무기의 전부 또는 일부를 북한을 겨냥하는 용도로 투입한다. 셋째, 미국이 해체하기로 계획한 약 100기의 미국 전술핵무기를 한국 비용으로 현대화하되, 이 무기는 미국에 보관하고 한국 지원에 사용하기로 약정한다. 넷째, 미국 전술핵무기 중 일부를 한국에 배치하고 준비된 핵무기 저장 시설에 보관한다.

북한이 이미 상당수의 핵무기를 보유하고 있으므로 북한의 핵무기 감축이 없다면 이러한 조치는 빠르게 추진되어야 한다. 하지만 이런 조치를 한국이 요구해도 미국이 응할지는 미지수다. 더구나 이러한 강압적 조치를 취하더라도 북한의 핵개발을 동결하거나, 핵무력 증강 속도를 늦추는 성과조차 거두지 못할 수도 있다.

문제는 북한이 5~20년 내에 200~300개 이상의 대규모 핵무기를 보유하게 될 가능성이 크다는 점이다. 이 기간에 중국도 미국과 러시아에 필적하는 핵무력을 갖출 것으로 예상된다. 북한이 300여 개의 핵무기를 보유하게 되면 미국의 핵우산 확장 억제는 더 이상 의미가 없을 수 있다.

이런 맥락에서 트럼프가 북한과 조기에 협상하여 북한의 핵과 미사일 능력을 제한하는 일은 우리에게도 이익이 될 수 있다. 미국의 우선적 목표가 될 가능성이 큰 핵동결과 대륙간탄도미사일 및 전술핵 전력 제한 등은 한국의 전략적 이익에도 부합하는 것이다.

자체 핵무기 개발이라는 선택지

한편, 북핵에 대해 미국이 적극적으로 대응하지 않고 북한의 능력이 갈수록 고도화되자, 한국 내에서 핵무장을 하자는 목소리가 강해졌다. 핵무장을 하면 한국은 위상을 높일 수 있을 것이다. 북한에 대한 핵공격이 가능해지면서 미국의 의사와 무관하게 강력한 위협을 가할 수 있기 때문에 북핵 억제력과 한국의 핵보장 모두를 강화할 수 있을 것이다. 그러나 여기에 수반하는 잠재적 위험을 간과해서는 안 된다.

우리나라는 현재 25기의 원자력 발전소를 가동하고 있고 원전 기술을 해외에 수출까지 한다. 마음만 먹으면 1~2년 안엔 핵무기를 만들 기술력은 충분히 갖추고 있는 것이다.[8]

통상 핵무기 개발 과정은 핵물질 획득과 기폭장치 개발, 핵 폭발장치 제조, 핵실험, 소형화 및 전력화로 나뉜다. 이 중 한국에 부족한 것은 핵폭탄의 원료로, 고농축 우라늄이나 재처리된 핵연료에서 얻는 플루토늄이다. 국내 원전 가동으로 핵연료인 '플루토늄 239'를 얻을 수 있고 이를 재처리하면 핵무기를 만들 수 있으나, 우라늄 농축 시설이나 플루토늄 재처리 시설이 없다는 점이 문제다.

플루토늄 대신 '우라늄 235'로 핵탄두를 개발하기도 어렵다. 국내에 우라늄 광산이 없는 데다가 광산을 발견하더라도 채굴과 농축 등을 하려면 2년이 더 걸릴 수 있기 때문이다. 수입을 하려 해도 수출국에서 NPT 위반을 이유로 수출을 거부할 가능성이 높다. 현재 한국의 핵산업은 사용 후 핵연료를 재처리하지 않으며 민간 원자로에 사용되는 농축 우라늄은 수입하여 유지되는 실정이다.

이른바 '일본 모델'도 최근 대안으로 떠오르고 있다. 일본의 경우 핵무기는 없지만 사용 후 핵연료를 재처리할 수 있는 능력을 갖추고 있다. 이를 미국이 용인하고 있기 때문이다. 유사시 단기간에 핵무기를 보유할 수 있는 능력을 갖추고 있는 셈이다. 한국도 농축 단계에서 핵무장을 멈출 수도 있다. 그러면 한국의 핵능력은 일본과 비슷해질 것이다. 이것이 실현되면 한국이 핵확산의 선을 넘지 않으면서도 미래에 핵무기를 만드는 데 필요한 시간을 줄일 수 있게 되는 이점이 있다.

하지만 문제는 2035년에 유효기간이 만료되는 '한미원자력협정'을 개정해야 한다는 점이다. 미국이 이에 응할지는 불투명하다. 과거 박근혜 정부가 핵재처리 능력을 확보하기 위해 외교적 노력을 상당히 쏟아부었지만 미국은 전혀 움직이지 않았다. 한국이 핵연료 재처리를 통해 핵개발에 나설 것을 우려한 것이다.

한국이 NPT에서 탈퇴한다면

더 큰 장애물은 NPT 탈퇴와 그로 인한 후과다. 한국은 1975년 NPT에 가입했다. 현재 한국이 문제 삼을 수 있는 것은 NPT 제10조인데, 이는 당사국이 주권을 행사함에 있어서 조약상의 문제에 관련되는 비상사태가 자국의 최고 이익을 위협할 경우 3개월의 유예기간을 두고 조약에서 탈퇴할 수 있다고 명시한 조항이다.

한국은 북한이 다수의 핵무기를 개발하고 보유하는 행위를 '비상사태'라고 규정하고, 한국의 '최고 이익'인 안보를 위협하는 경우에 해당한다고 주장할 수 있을 것이다. 일단 NPT 탈퇴의 명분이 생기는 것이다. 하지만 다른 나라들이 한국의 이런 해석에 동의해야 하는데, 실제로 그럴지는 낙관할 수 없다.

만일 한국이 NPT 제10조를 근거로 탈퇴를 선언하면 어떻게 될까? 미국이 한국의 NPT 탈퇴를 지지한다고 해도 중국과 러시아는 탈퇴를 막으려고 할 가능성이 높다. 그렇다면 중국과 러시아가 UN 안전보장이사회에 한국에 대한 제재 결의안을 상정할 것이다. 이때 만약 미국이 제재 결의안에 거부권을 행사한다면 한국은 UN 제재를 피할 수는 있다. 그러나 미국이 NPT 체제를 무너뜨리면서까지 한국을 위해 거부권을 던질지는 확실치 않다. 한국에 핵을 용인하면, 일본, 대만, 사우디아라비아, 이란, 브라질, UAE, 터키 등도 여기에 가세해, '핵 도미노' 현상이 일어날 것이기 때문이다.

한국이 NPT에서 탈퇴할 경우 민간 산업용 핵분열 물질을 감독하는 원자력공급국그룹NSG은 한국의 원자력 발전이나 핵무기 개발에 필요한 우라늄 공급을 거부할 수 있다. 이로 인해 국내 원자로가 가동을 멈추게 되면 한국 전력의 25~30퍼센트가 줄어들거나 상당 부분 사라질 수 있다. 한국의 원자력 수출 사업도 붕괴될 것이다. 이 경우에도 미국은 인도에 대해 그랬듯이 원자력공급국그룹에서 한국에 대한 예외를 요구할 수도 있지만 이 또한 불확실한 일이다.

또 국제사회의 경제 제재가 이뤄지면 고도로 개방되고 국제 경제와 깊이 연결되어 무역 의존도가 높은 한국 경제에 중대한 타격이 올 수 있다. 무엇보다 금융시장, 특히 주식시장이나 외환시장의 심한 동요가 즉각적으로 일어날 수 있다. 반도체·자동차·국방 산업 등도 큰 피해를 입을 것이다. 자칫 잘못하면 '경제 원자탄'에 피폭당한다는 뜻이다. 국제사회에서 철저히 고립된 북한과는 차원이 다른 충격일 것이다.

나아가 중국은 한국의 핵개발에 특히 민감하게 반응할 가능성이 높다. 자국에 대한 직접적 위협이 될 뿐만 아니라 일본 등 주변국의 핵무장으로 이어질 수 있기 때문이다. 사드 배치 때보다 훨씬 강력한 제재를 가할 수 있다. 한국 수출의 약 20퍼센트가 중국으로 향하며 한국은 많은 핵심 부품과 재료를 중국에 크게 의존하고 있기에 작지 않은 피해를 볼 것이다.

주목해야 할 점은 미국의 태도이다. 최근까지 미국 정부는 핵우산이 북한을 억제하기에 충분하다고 확신하고, 한국의 핵개발에 반대하는 입장이다. 1970년대에는 한국이 독자적 핵무장을 진행할 경우 한미동맹을 파기하겠다고 위협했는데, 이런 일이 다시 일어날 수도 있다. 미국 법은 한국이 핵실험을 실시할 시, 무기 판매와 이중용도 기술의 수출을 중단하도록 규정하고 있다. 이는 전략자산 전개 중단, 한미연합훈련 축소와 중단, 주한 미군 철수 주장으로 이어질 수 있다. 한미동맹이 유지되긴 해도 매우 약화될 가능성이 크다.

미국이 그들의 인도태평양전략이 강력한 억제력을 발휘하고 있다고 믿는 현 상황에서 우리가 독자적인 핵무장을 하겠다고 나선다면 그것은 미국에 대한 불신으로 비춰질 것이다. 한국의 핵무기 보유 욕구가 강해질수록, 미국 정치인들은 한국이 더 이상 미국과의 동맹관계를 필요로 하지 않는다고 생각할 것이라는 뜻이다.[9] 결국 한국의 핵무장은 미국이 주도하는 서방의 용인이 관건이다.

다만, 최근 미중 간의 전략적 경쟁이 격화되면서 향후 미국의 입장에 변화가 있을 수 있다. 트럼프 1기 정부에서 국방부 전략·전력 개발 담당 부차관보로 일했고, 2기 정부에서 국방부 정책차관으로 임명된 엘브리지 콜비Elbridge A. Colby는 북한의 핵위협에 대해 충분한 대응이 어려울 경우 마지막 방법으로 한국의 핵무장을 미국이 용인해야 한다고 말한다.[10]

영국의 주간지《이코노미스트》는 트럼프가 미국이 한국에 제공하는 '확장억제'를 자선행위로 여기고, 오히려 한국의 핵무장을 용인하거나 장려할지도 모른다고 추측한다. 폼페이오 전 국무부 장관도 한국의 핵무장에 미국이 반대할 이유가 없다고 한 바 있다.[11]

적대 관계에서 우호 관계로

한국에 대한 핵무장을 허용하는 일은 미국에도 거의 마지막 카드다. 그래서 미국은 우선 다른 카드를 만들려 하는 것이고, 그중 하나가 북한이다. 미중 간의 전략적 경쟁이 격화되면서 트럼프 정부는 특히 중국 견제를 우선적 목표로 삼을 것이다. 북한과의 대화는 이런 맥락에서 종전과는 전혀 다른 의미를 갖게 된다. 앞서 살펴본 바와 같이 미국은 이제 중국에 대한 견제력을 강화시키기 위해 북한의 전략적 활용을 염두에 두고 있다.

만약 북한과 미국이 중국을 견제한다는 전략적 이익을 공유해 우호적 관계를 맺는다면 양국은 질적으로 전혀 다른 사이가 된다. 핵무기나 미사일은 별 문제가 되지 않을 것이다. 군사적 수단은 그 자체로서 위협이 되는 게 아니라 적대적 의사로 사용될 때 흉기가 되기 때문이다. 즉, 만약 북한이 미국에 우호적이라면 북핵은 미국에 더 이상 위협이 되지 않는다는 의미다.

한편, 미국 정부의 부채는 GDP의 123퍼센트를 넘어서 이미 36조 달러에 달했다. 2008년에 약 14조 달러였으니 매우 가파른 증가세다. 2024년 회계연도에 이자 지출액만 1조 달러가 넘는다. 처음으로 국방비를 초과했다. 앞으로도 미국의 재정 적자는 더 커질 것으로 전망된다. 그만큼 이자지출액이 늘어나고, 국방비에 대한 압박 역시 더 커질 것이다. 12 미국 전 합참의장 마이크 멀린Mike Mullen은 오래전 미국의 국가채무가 안보의 최대 위협이라고 경고했다.13 미국 정부는 가능한 한 적은 비용으로 군사력을 운용해야 한다. 이런 상황에서 미국이 북한과 관계를 개선해 중국에 추가적 압박을 가할 수 있다면 전략적으로 큰 이득이 될 것이다.

그래서 미국이 이처럼 전략적 의도를 갖고 북미 관계를 새로운 양상으로 변화시킨다면 남북 간에도 아주 다른 관계가 가능하다. 미국과 우호적 관계를 맺게 된 북한이 한국과 군이 적대적이어야 할 이유가 있을까. 미국을 매개로 남북이 적대 관계를 청산하고 우호적 관계로 바뀌는 것도 충분히 상상 가능한 일이다. 그렇다면 이런 전환은 정말 실현 가능할까? 역사 속에 그 힌트가 숨어 있다.

적에서 동반자로 전환한
프랑스와 독일

전쟁으로 인한 양국의 깊은 적대감

프랑스와 독일이 질기고 질긴 악연을 끊고 화해로 번영을 이룬 역사가 한반도에 귀감이 될 수 있다.

양국 간 적대감의 뿌리는 유구했다. 우선, 독일 역사에서 큰 상처로 남은 1803~1815년의 나폴레옹 전쟁 때의 이야기다. 프랑스 군대가 도처를 점령하자, 뿔뿔이 흩어졌던 독일인들은 침략자 프랑스로부터 독립을 얻기 위한 '해방전쟁'을 치렀고, 이를 통해 민족의식이 형성되었으며, 통일된 독일제국이 탄생했다.

한편, 프랑스는 1870~1871년 프로이센-프랑스 전쟁에서 프러시아 군대에 참담하게 패배한다. 독일의 군주들과 고위 장교들은 베르사유 궁전 '거울의 방'에서 빌헬름 1세를 '독일의 황제'로 선포

했고, 프랑스는 거액의 배상금을 지불해야 했으며, 알자스-로렌 지방은 독일에 병합됐다. 프랑스인들이 느낀 치욕과 분노는 이루 말할 수 없었다.

이 전쟁으로 인해 생긴 양국의 깊은 적대감은 여러 세대에 걸쳐 강렬한 민족주의로 표현됐다. 양국의 끊임없는 대립과 갈등이 '유전적 적대Erbfeindschaft'가 된 것이다.[14] 이런 적대감을 극복해 보려는 시도가 드물게 있었지만 1945년까지 이는 지속됐다. 언제 폭력적 충돌이 일어나도 이상할 게 없는 분위기였다.

프랑스와 독일은 제1차 세계대전에서 참혹하게 싸웠다. 당시 벌어진 베르됭 전투는 역사상 가장 참혹한 소모전으로 꼽힌다. 1916년 2월부터 12월까지 10개월 동안 독일군과 프랑스군 사이에 벌어진 이 전투에서 약 75만 명의 사상자가 나왔다. 이 전쟁에서 생존한 사람들은 이후 수십 년간 그 참상에 대해 이야기했고 적대감은 더욱더 증폭됐다.

제1차 세계대전 종전 후 프랑스는 안보를 위해 무엇보다 독일을 견제하는 게 중요했다. 반면, 독일에 막대한 배상금을 부과한 베르사유조약에 독일인들은 이념과 정파를 가리지 않고 반발했다.

정작 제1차 세계대전 후 새로운 국제질서를 구축할 능력을 지닌 유일한 나라였던 미국은 고립주의로 회귀했다. 미국 의회는 미국의 국제연맹 참여에 반대했다. 그러자 유럽은 정치적·경제적으로 혼돈에 빠지고 새로운 분쟁이 싹튼다.[15] 독일군이 1940년 5월 10일 프랑스를 다시 전격적으로 침공했고, 프랑스는 6주 만에 무너졌다. 막대한 인명피해가 발생했다.

제2차 세계대전 종전 후 미국과 영국은 패전국 독일의 분할점령지의 행정을 통합하고 독일의 경제 재건과 주권 이양을 앞당기려 했다. 하지만 독일 강점기의 아픈 기억이 생생했던 프랑스는 독일을 영원히 패전국 상태로 묶어놓고자 했다. 독일을 분할하고 독일의 경제력을 약화시켜 또 다시 강국이 되지 못하게 해야 한다는 강박관념에 사로잡힌 것이다.

하지만 미국은 새로운 유라시아 강국으로 부상한 소련을 견제하기 위해 서유럽의 부흥과 단결을 추진했는데, 지리적 위치나 경제적 잠재력으로 볼 때 바로 독일의 재건이 필요했다. 독일이 공산주의의 침투를 막는 '서방의 요새' 역할을 떠맡아야 했던 것이다. 따라서 미국은 인접국들, 특히 프랑스에 독일과의 관계를 개선할 것을 촉구했다.[16]

마셜 플랜과 NATO

제2차 세계대전 후 파괴된 유럽은 스스로 회생하기가 어려웠다. 그 무렵 미국에서는 현실주의가 미국의 전략적 사고로 자리잡았다. 지정학에 대한 관심이 늘어났고 영국의 핼퍼드 매킨더Halford Mackinder 같은 지정학자들의 영향력이 커졌다. 미국은 적국이나 적성국 연합세력이 유라시아를 지배하지 못하도록 저지하는 게 미국의 국가안보 과제라고 인식했다.[17] 이는 나치와 일본을 상대로 전쟁을 치른 경험에서 도출된 것이다. 이 같은 배경 속에 미국이 유럽의 부흥을 위해 1947년 약 130억 달러를 지원하는 마셜 플랜을 실행한다.

스탈린은 마셜 플랜을 미국이 유럽을 정치적·군사적으로 지배하기 위한 악의적 기획이라고 비난했다. 폴란드와 체코 등이 마셜 플랜에 관심을 보이자, 동유럽까지 잃을까 우려한 것이다. 소련은 1947년 7월, 동유럽 국가들에게 마셜 플랜 관련 회의에 참석을 금지하는 전문을 보낸다. 이 시점에서 이미 냉전이 시작된 것이나 다름없었다. 서유럽 국가들은 동유럽 국가들에 대해 지배력을 강화하던 스탈린에 대해서 우려했다. 공산주의 군사력이 서방 군사력에 비해 12 대 1로 압도적이었다.

미국 국무부 장관 조지 마셜과 그의 참모들은 독일 서부가 유럽의 전반적 재건에 핵심이라고 판단했다. 독일의 생산 부활, 특히 석탄, 식량, 철강, 비료 등 생산이 선행되어야 했다. 라인강 주변 자원의 효과적 이용이 중요했다.

하지만 독일 산업의 부흥은 나치로 인한 상처가 깊은 유럽 국가들에게 위기감을 불러일으켰다. 특히 프랑스는 안전 보장 없이는 미국이나 영국이 서독에 관해 추진하는 정책에 찬성할 수 없다는 입장이었다. 이런 프랑스의 우려를 고려해, 미국은 이전에 꺼려했던 개입을 하기로 결정했다. 군대를 유럽에 주둔시킴으로써 불안해하는 유럽 국가들을 안심시켜야 한다고 판단한 것이다.

1948년 12월, 미국 국무부는 북대서양안보협정이 마셜 플랜에 대한 중요한 보완책이라고 결론을 내렸다. 1949년 1월 취임연설에서 해리 트루먼 대통령은 미국과 캐나다, 서유럽이 참여한 집단방위협정으로 마셜 플랜을 뒷받침하겠다고 선언했다.[18] 유럽은 안도했다. 미국이 제1차 세계대전 때처럼 유럽에서 철수할 것이라는 우려는 사라졌다.

이렇게 해서 1949년 4월 북대서양조약기구, 즉 NATO가 설립됐다. NATO는 마셜 플랜의 직접적 결과다. NATO 초대 사무총장 해스팅스 이스메이Hastings Ismay의 말을 빌리면 NATO의 목적은 '소련의 배척, 미국의 참여, 독일의 억제'였다.[19]

요컨대 NATO는 독일과 싸웠던 서유럽 국가들이 서독과 경제적으로 공존하기 위해서 필요한 군사 플랜이었다. 특히 프랑스에 의미가 컸다. 마셜 플랜은 NATO의 설립 없이는 성공하기 어려웠을 것이다.

NATO가 설립되고 한 달 후 서방이 점령한 세 지역을 하나로 통합해 서독이 건국됐다. 이로써 유럽은 서독에 대한 응징 정치를 끝내고, 서독의 경제를 부흥시켜 재건된 서유럽에 통합되도록 했다. 미국은 마셜 플랜을 통해 서유럽의 경제적·물질적 회복만을 추진한 게 아니라, 기존의 국가 간 대립이라는 갈등을 극복해 유럽 통합의 발판을 만들고, 유럽이 미국과 같은 시장과 잠재력을 갖추도록 했다.[20]

또 트루먼 정부는 점진적으로 서독의 군사적 역할을 강화하려고 했다. 서독의 파워를 사용하지 않고서는 서유럽의 안보 유지가 어렵다고 판단한 것이다. 문제는 서독이 서유럽 파워에 통합되느냐 아니면 스스로 대국으로 성장하느냐였다. 하지만 NATO 결성 시에는 프랑스의 동요를 막아야 했기에 미국의 이 목표는 강조되지 않았다.[21]

NATO의 설립으로 안보 불안이 해소되고 마셜 플랜으로 경제 부흥의 기초가 마련되자, 제1차 세계대전 후와 달리 서독과 프랑스가 직접적으로 갈등할 일이 없어졌다. 이제 미소 냉전이 본격화된 국제정세에 부응해서 서독과 프랑스는 새로운 관계를 모색해야만 했다. 자국의 이익을 위해서라면 어제의 적과도 동침을 할 수 있는 것이 바로 국제관계의 현실 아니겠는가.

제2차 세계대전이 제1차 세계대전과 크게 다른 점은 종전 후 곧바로 냉전이 시작됐다는 점이다. 유럽에서 주된 갈등 축이던 독일-프랑스의 대결구도는 뒤로 밀렸다. 서독과 프랑스는 이제 더 상위의 지정학적 구도인 냉전적 대결로 함입하게 된다. 즉, 제1차 세계대전 후에는 양국의 적대감이 여전했지만, 제2차 세계대전 이후에는 냉전이 양국의 적대감마저 삼켜버린 것이다.

비록 프랑스가 독립적 안보정책을 추구했지만 현실적으로 역량에 한계가 있어서 크게 벗어나지는 못했다. 그 결과 미국이 주도하는 질서 안에서 서독과 프랑스는 차가운 평화를 이룰 수 있었고, 소련이라는 공통의 적을 앞에 두고 대립할 수 없게 됐다. 서독과 프랑스 사이에 오래된 적대감이 점점 사라지고 근원적 전환이 이뤄질 수 있는 토양이 마련된 것이다.

쉬망 플랜이 연 화해의 문

분노와 증오로 점철된 프랑스와 서독 관계에 돌파구를 연 것은 뜻밖에도 프랑스 사람이었다. 후에 '유럽(연합)의 아버지'로 불리는 장 모네Jean Monnet는 샤를 드골의 후원 아래 설립된 경제기획총국을 이끌며 파탄에 이른 프랑스 산업의 재건을 추진했다. 그가 세운 경제부흥계획의 핵심은 서독의 루르와 자르 지방에서 공급되는 양질의 석탄과 철강을 저렴한 가격에 확보하는 데 있었다.

모네는 전략물자인 석탄과 철강을 초국가적 기구 설립을 통해 서독과 프랑스가 공동으로 관리한다는 계획을 프랑스 외무장관 로베르 쉬망Robert Schuman에게 보고한다. 이 아이디어는 양차 세계대전 동안 연합국 주요 물자 및 군수산업의 공동 관리를 주장하고 계획해 온 모네에게 새로운 것은 아니었다.

그러나 그 대상이 우호적 연합국이 아니라 불과 수년 전까지 처참한 전쟁을 하던 적국이라는 점이 대담한 발상의 전환이었다. 루르와 자르의 석탄과 철강을 프랑스가 계속 통제할 수 없다면 차라리 프랑스가 주도하는 초국가기구를 만들어 서독의 재부상을 견제하고, 프랑스 경제발전에 도움이 되게 한다는 게 이 구상의 의도였다. 공동 관리를 통해 협력한다는 명분을 내세웠음은 물론이다.

모네의 보고를 받은 쉬망은 1950년 5월 9일, '유럽 석탄철강 공동체계획', 이른바 '쉬망 플랜Schuman Plan'을 내놓았다. 이는 국경을 초월한 협력관계 없이는 서유럽의 미래도 없다는 전제 아래 유럽의 석탄·철강 생산을 프랑스와 서독 및 이에 참가하는 유럽 여러 나라가 공동관리하고 합리적이고 근대적인 공동경제시장을 만든다는 것이었다.

쉬망 플랜은 철강이나 석탄과 같은 경제 분야에서의 협력을 위한 틀을 마련하는 것이었지만 서독과 프랑스 사이의 협력과 화해를 위한 첫걸음이기도 했다.

이 플랜은 서독으로서도 충분히 수용할 만했다. 서독 초대 총리 콘라트 아데나워Konrad Adenauer는 적극적으로 동참 의사를 밝혔다. 패전국으로서 연합 3개국에 의해 주권 행사를 제약 받아온 서독으로서는 국제무대에서 승전국 프랑스와 대등한 자격으로 참여할 수 있을 뿐만 아니라 프랑스가 서유럽의 틀을 벗어나서 소련과 동맹을 맺을지도 모른다는 우려를 떨쳐낼 수 있는 기회였기 때문이다.[22]

1951년 4월에 프랑스와 서독을 비롯하여 벨기에, 네덜란드, 룩셈부르크, 이탈리아 6개국이 참가한 유럽석탄철강공동체ECSC가 출범했다. 오늘날 유럽연합EU의 모태가 된 '6개국 유럽'이 탄생한 것이다. 유럽석탄철강공동체는 비록 6개국만 참가한 '작은 유럽'이었지만 개별 가입 국가들의 간섭에서 벗어난 초국가적 기구라는 점에서 획기적이었다.

가장 큰 난관, 서독의 재무장

한편 1950년 6월에 한국전쟁이 발발하자 유럽인들은 동독이 서독을 침략할지도 모른다는 불안감에 사로잡혔다. 그러자 유럽에서 소련과 군사적으로 대치할 경우 엄청난 방위비 부담을 안을 수밖에 없었던 미국은 프랑스의 반대를 무릅쓰고 서독의 재무장을 신속히 추진했다.

1950년 9월, 미국은 NATO의 틀 안에서 서독을 재무장하자고 서유럽 국가들에게 제안했다. 미국의 압력을 무시하기 힘든 상황에서 프랑스는 서독의 재무장을 받아들이는 대신 유럽 동맹의 틀 안에 서독군을 묶어놓을 생각으로 유럽 방위장관의 지휘를 받는 유럽공동군의 창설을 제안했다. 이에 따라 1952년 5월 파리에서 유럽석탄철강공동체의 6개 회원국 참여만으로 유럽방위공동체EDC 조약이 체결되었다. 프랑스와 서독의 제휴가 있었기에 가능한 일이었다.

하지만 유럽방위공동체 계획은 정작 제안국인 프랑스 국내에서 거센 반대에 직면했다. 특히 드골주의자들과 공산주의자들은 유럽방위공동체가 출범하면 프랑스의 주도권은 약해지고, 서독의 군사력 강화를 가져올 것이라며 격렬하게 비판했다. 결국 유럽방위공동체 계획은 1954년 8월에 프랑스 의회의 인준을 통과하는 데 실패했다. 프랑스와 서독 사이에 불신과 거부감이 완전히 사라지지 않은 상태에서 성급하게 시도한 결과였다.

새로운 돌파구를 찾아야 했던 프랑스 정부는 서독의 재무장을 막기 위해 1948년에 유럽 연합국들 사이에 체결한 브뤼셀조약을 수정해서 서독을 포함시킨 공동방위조약을 체결하기로 한다. 1954년 10월에 체결된 파리 협정에 의해, 패전국 서독과 이탈리아가 영국, 프랑스, 베네룩스 3국 등 승전 5개국과 가상의 적 소련에 대해 공동으로 방위하는 서유럽연합WEU이 결성되었다.

　일단 서독을 서유럽 공동방위기구 안에 묶어놓았기에 서독의 재무장 문제도 쉽게 해결되었다. 파리 협정에서 서독의 NATO 가입에 대한 합의가 있었다. 1955년, 서독의 원자탄이나 생화학 무기를 개발하지 않는다는 조건으로 군사적 재무장이 허용됐다.[23]

유럽의 통합과 번영을 앞당긴 엘리제조약

　1958년 5월, 프랑스령 알제리에서 벌어진 식민지 해방 전쟁의 소용돌이 속에서 프랑스 제4공화정이 붕괴되고 드골이 정계 일선에 복귀했다.

　정치를 떠나 있던 10여 년 동안 드골은 제4공화정의 서독에 대한 유화정책을 줄곧 비판했다. 드골은 유럽석탄철강공동체, 유럽방위조약, 유럽경제공동체 등 통합유럽을 추구한 유럽 6개국의 행보에 대해서도 못마땅해했다.

　과거 1945년 11월에 공화국 임시정부의 대통령으로 선출된 드골은 서독이 지난 145년 동안 프랑스를 일곱 번(1792년, 1793년, 1814년, 1815년, 1870년, 1914년, 1940년) 침략하고 파리를 네 번(1814년, 1815년, 1871년, 1940년) 점령했다는 사실을 강조하며 프랑스의 안보를 위해 서독의 회생 가능성을 미리 막아야 한다고 역설하곤 했었다.[24]

그가 추구한 것은 미국이 주도하는 '대서양의 유럽'이 아니라 유럽 국가들이 주도하는 '유럽인의 유럽'이었다. 그는 미국에 의존적인 외교 관계에서 벗어나 미소 양대 진영에서 독립한 제3 블록으로서의 유럽을 지향했다. 나아가 그는 유럽 통합에 찬성하면서도 국가 주권보다 상위에 있는 초국가적 기구의 설립에 대해 반대했다. 그 대신 개별 국가들의 주권이 보장되는 정부 간 협의체로서의 유럽기구를 구상했다. 그는 프랑스가 통합 유럽의 기수로서 강대국의 역할을 수행해야 한다는 야망을 품고 있었고, 유럽 문제에서 프랑스의 주도권을 놓치지 않으려 했다.

드골은 미국, 영국, 프랑스 삼국이 공동으로 NATO를 이끌자는 제안을 한다. 여기에는 유럽 대륙의 문제에서 프랑스가 주도권을 확보하려는 속셈이 담겨 있었다. 그러나 미국과 영국은 이 제안을 단호하게 거절했고, 드골은 차선책으로 서독과 함께 유럽 통합을 주도하는 방향으로 돌아선다. 프랑스와 서독 사이의 교섭은 두 나라 정상이 직접 만나서 추진했다. 1958년 9월에 첫 만남을 가진 드골과 아데나워는 1962년 중엽까지 약 4년 동안 무려 열다섯 차례에 걸쳐 회동을 했다. 약 마흔 통의 서신도 교환했다.

아데나워는 NATO의 영향력을 축소하려는 드골의 구상에 우려를 나타내면서도 서독이 프랑스와 대등한 입장에서 새로운 유럽의 견인차가 될 수 있다는 점 때문에 드골과 의기투합했다. 더구나 1959년 초 베를린 위기 때 드골은 동독과 소련에 대해 단호한 태도를 보였다. 이를 본 아데나워는 소련의 팽창을 견제하는 일에서는 프랑스와 한편이 될 수 있을 것으로 판단했다.

유럽의 정치적 통합에 대한 드골의 구상은 '푸셰 플랜Fouchet Plan'●으로 구체화되었다.[25] 1962년 4월, 베네룩스 3국을 비롯한 나머지 5개국들은 푸셰 플랜의 일부 내용을 수정한 대항 플랜을 내놓고 프랑스와 최종협상에 들어갔으나 합의를 이끌어내지 못했고 결국 이 계획은 실패했다.

푸셰 플랜 좌초 후 아데나워는 프랑스의 편에 섰다는 이유로 서독에서 비난을 받았고 드골은 서독으로 눈을 돌렸다. 다자간 협의에서 실패한 드골은 서독과의 양자 간 협상에서 돌파구를 찾고자 줄곧 두 국가와 국민의 화합을 강조했다.

1962년 7월에는 아데나워가 프랑스를 방문했고, 9월에는 드골이 독일을 방문해 두 나라 사이의 정치연합을 의논했다. 마침내 1963년 1월 22일, 프랑스의 엘리제궁에서 전 세계의 이목을 집중시키며 '프랑스-서독의 우호와 협력 조약'이 체결되었다.

드골과 아데나워는 공동 선언을 통해 "독일 국민과 프랑스 국민의 화해가 수백 년 묵은 경쟁관계를 해소하고 두 국민 사이의 관계를 근본적으로 뒤바꾸는 역사적 사건이 될 것"이며 "두 나라 사이의 협조 강화가 통합 유럽의 길로 향한 불가결한 단계가 될 것"이라고 천명했다.[25] 제2차 세계대

● 이 플랜의 명칭은 제안서 초안을 제출한 당시 덴마크 주재 프랑스 대사 크리스티앙 푸셰(Christian Fouchet)의 이름에서 유래한다. 1961년 2월, 프랑스는 6개국 유럽이 각국 정상 또는 각료들 사이의 회담을 정례화하고 외교·국방의 현안을 논의할 정부 간 기구를 설치하여 궁극적으로 '유럽 국가연합'을 창설하자고 제안한다. 초국가적 주권기구의 설치를 배제하는 이러한 구상은 유럽 공동체 내에서 프랑스와 서독이 주도할 가능성을 열어놓는 것이었다.

전 종전 후 18년 만에 화해와 공영의 시대가 막을 연 것이다

서독 집권당 내 반대파와 야당들은 엘리제조약이 유럽 통합에 대한 사망 선고라며 이는 서독의 이익에 부합하지도 않고, 궁극적으로 동독과 서독의 통일을 가로막을 것이라고 성토했다. 언론은 "드골의 유럽은 히틀러의 유럽" "드골, 부활한 나폴레옹"이라고 맹공했다. 미국 주도의 방위 구도에서 벗어난 유럽은 결국 소련 앞에서 서독을 무장해제한 것과 다를 바 없다는 여론이 강했다. 그러자 서독은 조약의 머리글에 미국 및 NATO와의 관계를 그대로 유지하고 영국이 포함된 다자간 유럽 건설을 우선한다고 밝혔다.

엘리제조약은 프랑스-서독 관계를 숙적에서 동반자로 전환하는 분수령이자 '프랑스-서독 커플'을 탄생시키는 중요한 디딤돌이었다. 이 조약은 멀리는 1950년대 초부터 한걸음씩 진척되어 온 두 나라 사이의 화해 노력이 결실을 맺은 것으로, 프랑스와 서독의 화해를 낳고 유럽의 통합과 번영을 앞당긴 '세기의 조약'으로 평가됐다. 이 조약이 조인된 1월 22일은 지금도 '프랑스-독일 우정의 날'로 기념된다. 이후 프랑스와 서독의 시민사회 각계각층이 나서 양국의 화해를 위한 다양한 실천을 한다. 두 나라는 크고 작은 어려움을 극복하고 유럽 통합을 성취해 낸 것이다.

드골과 아데나워는 세계관이 일치하지는 않았지만, 각자 자국의 이익을 위해 서독과 프랑스의 화해와 협력이 필수적이란 점을 자각하고 최선을 다했다. 그들의 리더십이 없었다면 오늘날의 유럽은 없었을지도 모른다.

'유럽연합의 아버지'로 불리는 장 모네, 로베르 쉬망도 주어진 시대 상황 속에서 자기 나라의 이익을 추구했지만, 이러한 과정에서 그들은 끊임 없는 협의를 통해 서로에게 도움이 되는 방향으로 해결책을 찾고 위기를 기회로 바꾸었다. 세계대전 후 참상과 냉전이라는 절박한 상황에서 그들은 공멸이 아닌 공존의 길을 택했다. 원한과 적대의 감정이 깊어질 대로 깊어진 프랑스-서독 국민들 간 화해를 위해 때로 정치적 위험을 무릅쓰면서까지 꿈과 소신을 버리지 않았던 것이다.

한반도의 지정학적 힘을 이용하라

한반도를 둘러싼 미중 경쟁의 구도

자연계에 중력장이나 전자기장이 있듯 국제 세계에는 지정학의 장場이 존재한다. 한 국가의 범위를 벗어나 여러 국가들에 작용하는 거대한 지정학적 힘이다. 주로 강대국들의 전략에 의해 만들어지는 이 힘의 공간에서 어떤 위치를 선택하느냐, 혹은 선택하도록 강요되느냐에 따라 한 국가의 운명이 결정된다. 이 힘의 공간은 시간의 흐름에 따라 끊임없이 변한다. 결국 이 지정학적 힘의 작용을 먼저 정확히 이해하고, 그 안에서 자국의 이익을 최대화하기 위한 위치를 선택하는 것이 관건이다.

동아시아의 지정학에서 가장 중요한 문제는 세력 불균형이다. 상대적으로 중국의 파워가 너무 커서 동아시아 국가들 사이에 적정한 세력 균형을 이루기가 어려운 것이다. 과거 경제대국이던 일본의 GDP는 이제 중국의 4분의 1도 안 된다. 한국의 GDP는 중국의 거의 10분의 1 수준이다. 경제력으로 보면 북한은 최빈국에 속한다. 이런 경제력 차이는 군사력의 우열로 귀결된다. 앞으로 중국과 나머지 국가들 간의 상대적 파워의 격차는 더 커질 가능성이 높다. 이 같은 세력 불균형은 잠재적 위협이다.

적절한 세력 균형을 이루기 위해 비동아시아 국가인 미국의 관여가 필요하다. 이런 맥락에서 미국과 중국을 제외한 동아시아 국가들은 전략적으로 이익을 공유하는 것이다. 예를 들면 주한 미군의 철수만 해도 이를 원하는 동아시아 국가는 중국밖에 없다. 주한 미군이 철수하면 중국의 군사력 우위는 상대적으로 더 강해지기 때문이다. 중국은 한반도의 국력과 군사력이 자신들에 비해 현저히 열세인 상태를 원한다. 북한이 주한 미군 철수를 원하지 않는 건 바로 이런 세력 불균형 상태를 원치 않기 때문이다.

지금 한반도에 작용하는 핵심적인 지정학적 구도는 미국과 중국의 경쟁이다. 이 구도에서 한국과 북한은 어떻게 위치 선정을 해야 이익을 극대화할 수 있는지를 탐구해야 한다. 앞서 살핀 대로 미국은 중국 견제에 관한 북한의 전략적 가치를 인정하고 새로운 접근을 하려 한다. 그게 미국의 이익에 부합하기 때문이다. 북한도 미국과 전략적으로 우호적 관계를 맺는 게 최우선적 과제다.

북한이 미국과 관계를 개선하면 중국에는 중요한 완충지대가 사라지기에 안보 위협이 가중될 것이다. 그렇다고 중국이 북한에 대해 바로 적대적 대응을 할 수도 없다. 중국도 1992년에 한국과 수교했으니, 북한이 미국과 우호적 관계를 맺는다고 관계를 단절할 명분도 없는 것이다. 중국은 북한이 중국에 너무 적대적으로 나오지 못하도록 관여의 깊이를 더할 것이고, 북한은 이를 이용할 것이다. 북미 관계가 개선되고 남북 관계도 호전되면 중국은 한국 역시 멀어지지 않도록 관여할 것이다. 어차피 한국과 대립하기도 쉽지 않다.

결국 남북한과 중국 사이는 좀더 팽팽한 긴장 속에서도 관계의 문을 열어두는 다층적이면서 동적인 관계가 될 것으로 판단된다.

진정으로 한국을 위하는 길

그렇다면 한국은 북미의 관계 전환에 대해 어떤 입장을 택해야 하는가? 트럼프 정부가 북한에 우호적으로 접근하는 데 반대해야 하는가? 한국이 반대한다고 트럼프가 자신의 선택을 바꿀까?

그럴 것 같지는 않다. 동맹인 한국의 입장을 완전히 무시하기는 어렵지만, 미국으로서도 전략적 판단이기 때문에 쉽게 바꾸기 힘들 것이다. 시간이 조금 걸릴 수 있지만 트럼프 정부는 결국 북한과 관계를 맺을 것이다.

그럼 우리는 미국과 적대적 관계로 돌아서야 하나? 미국과의 깊은 관계로 보아 그러기도 힘들다. 그렇다면 미국이 북한과 관계를 개선했을 때 북한이 비핵화를 먼저 이행하지 않으면 한국은 계속 적대적인 자세를 취해야 하는가? 미국이 북한의 비핵화를 선행

조건으로 요구하지 않고 관여를 하는데, 한국만 이를 고집한다고 해서 북한이 비핵화된다는 것은 현실적으로 기대하기 어려운 일이다. 그럼 한국은 북미 간의 협상을 전제하고 가능한 한 유리한 협상이 되도록 하는 게 최선 아닐까?

다만, 그 전에 따져봐야 할 문제는 비핵화의 성격이다. 핵무기 그 자체가 우리에게 위협은 아니라는 점을 짚고 넘어가자. 예를 들어, 미국, 영국, 프랑스, 인도의 핵무기에 대해 우리가 위협을 느끼지는 않는다. 그들과 우리는 정치적으로 우호적 관계이기 때문이다. 즉, 문제는 물리적 핵무기 그 자체가 아니라 핵보유국과의 관계다. 만약 북한과 한국이 정치적으로 비적대적인 관계라면 북한의 핵위협은 물리적으로 존재하지만 정치적으로는 상당 부분 제거된다는 뜻이다.

우리에게 중요한 건 우선 안전보장과 평화이다. 따라서 북미 대화가 어차피 진행된다면 우리는 먼저 미국에 북한의 핵과 미사일 위협을 최대한 줄이도록 해달라고 요구해야 한다. 동시에 북한이 한국에 대해 적대적 행위를 하지 않도록 협상해 줄 것을 요구해야 한다. 북한이 한국에 대한 적대적 의사를 버리는 건 미국에게도 이익이기에 이는 충분히 해볼 만한 요구다. 미국으로서는 한국과 북한이 함께 중국의 견제에 나서주길 바랄 것이다. 한반도가 적대적으로 대립하는 상황은 미국에는 부담이 된다. 북한도 한국과 적대 관계가 되었을 때 얻을 이익이 없다. 적대적 태도를 바꾸는 것이 마땅할 것이다.

만약 양국의 적대 관계가 폭발해 한반도에 전쟁이 일어나면 미국이 개입할 가능성이 높고, 미군기지가 있는 일본도 북한의 핵과 미사일의 타격 대상이 된다. 전쟁으로 한반도와 일본이 큰 피해를 입게 되면, 동북아시아에서 미국의 전략적 동맹인 한국과 일본이 약해지고 잠재적으로 파트너가 될 수도 있는 북한도 취약해진다. 동북아시아에서 중국을 견제할 핵심 국가들이 약해지면 중국이 어부지리로 이득을 얻을 게 뻔하다. 이걸 미국이 원할까? 한국에는 이익인가?

북핵의 억지력 때문에 한반도 전쟁이 쉽지 않다는 주장은 차치하고, 지정학적으로 한반도 전쟁은 미국에게 치명적 손실이 될 것이다. 따라서 미국도 한국과 적대 관계를 해소하고 우호적 관계를 맺도록 북한에 적극적으로 요구할 것이다.

나아가 이런 생각도 해봐야 한다. 만약 미국의 관여로 북한이 한국과 우호적 관계를 맺으려고 한다면 우리는 북핵을 이유로 거부해야 할까? 그래서 얻는 이익이 뭘까? 북한이 진정으로 적대 관계 청산을 원한다면 이를 수용하는 편이 우리에게도 이롭다. 미국과 함께 북한과 새롭게 대화하고 관계를 맺으면서 점진적으로 신뢰를 구축하고, 안보위험을 줄여나가야 할 것이다.

다시 말해서 한국과 북한이 미국과 동시에 우호적 관계를 맺으면 한국과 북한은 적대 관계를 유지할 필요가 없어질 것이다. 제2차 세계대전 후 미국의 개입으로 프랑스와 서독의 '유전적 적대'가 해소됐듯이, 한반도에도 그런 일이 가능하다. 그렇게 되면 한반도가 미국에 이용당하는 게 아니다. 오히려 한반도가 현재 주어진 국제적 힘의 관계를 의식적으로 이용하는 것이다. 친미親美가 아니라 용미用美다. 이런 의식적·능동적 위치 선정으로 한반도는 대립과 갈등을 해소할 수 있고, 미국은 적은 비용으로 전략적 목적을 달성할 수 있다. 상호 원원이다. 중국과 적대를 하자는 게 아니다. 다만 중국이 동북아시아에서 자의적으로 지배력을 행사하지 못하도록 견제하는 것이다. 그건 한반도와 미국의 이익에 부합한다.

지정학 싱크탱크인 실버라도폴리시액셀러레이터Silverado Policy Accelerator 회장 드미트리 알페로비치Dmitri Alperovitch와 존스홉킨스대학교 교수 세르게이 라드첸코Sergey Radchenko는 2024년 12월 29일 《뉴욕 타임스》에 공동으로 기고한 글에서 트럼프와 김정은의 협상이 성공하면 한반도에 마침내 평화가 오고, 미국은 최대의 지정학적 위협인 중국에 군사력을 집중할 수 있게 돼 미국에 이익이라고 분석한다.[26]

냉철한 역사적 성찰, 그리고 도약

적대 관계가 해소되면 한국과 북한은 우선 프랑스와 서독이 미국을 활용해 경제 발전과 군사력 증강을 실현했듯이, 한반도의 하드파워 증강에 나서야 한다. 북한이 본격적으로 경제 개발에 나서면 한국 기업들은 많은 기회를 얻게 될 것이다.

예를 들어, 북한에는 마그네사이트, 텅스텐, 희토류 금속 등 많은 지하자원이 존재하는데, 이런 자원 개발에 투자하는 외국 기업들과 한국 기업들이 협력할 수 있다. 각종 인프라스트럭처 건설 사업에 참여할 수도 있고, 여러 분야의 협업도 가능하다. 이런 과정을 거쳐 북한의 경제가 발전하고 구매력이 증가하면 북한의 소비 시장도 커질 것이고 이는 한국 기업에 또 다른 기회를 줄 것이다. 퍼주기가 아니다. 장차 남북한의 경제적 관계가 깊어지면 '코리아 경제권' 구축도 가능하다. 중국의 동북 지역 일부, 러시아의 극동 지역 일부를 포함하는 거대한 경제권으로 발전할 수도 있다.

북한의 경제력이 일정 수준에 이르면 사회적 교류도 더 활발해지고, 언젠가는 프랑스와 독일이 유럽연합을 만들었듯이 남북한의 연합체, 즉 '코리아연합'도 출현할 수 있다. 거기에서 더 나아가 더 높은 수준의 결합도 가능할 것이다. 독일-프랑스와 달리 남북한은 한 민족이다. 정치나 이념보다 피가 더 진하다.

불행한 역사에 파묻혀서 원한과 갈등으로 정체할 것인가, 아니면 역사에 대한 냉철한 성찰 위에 새로운 도약을 할 것인가. 우리는 선택의 기로에 서 있다. 외세의 끊임없는 작용으로 우리의 의지와 무관하게 수많은 고통을 겪었던 한반도의 역사였다.

하지만 이제는 과거와 다르다. 한반도의 상대적 파워가 커졌다. 외세를 포함한 지정학적 힘의 분포와 작용을 통찰하고 이용할 수 있어야 한다. 현실에 대한 정확한 인식을 토대로 새로운 역사를 만들려는 거침없는 상상력과 단단한 의지 그리고 끈질긴 노력이 있다면, 전혀 다른 한반도가 모습을 드러낼 것이다.

에필로그

한반도가 가야 할 새로운 길

무릇 국제 관계는 국제정치의 역사와 맥락에서 이해해야 한다. 한반도의 현 상황 역시 이해관계가 있는 강대국들의 전략적 입장을 고려해야 명료히 알 수 있다.

한국과 북한의 관계만으로 접근하면 한반도에 작용하는 거대한 힘들의 정체에 눈을 감게 되고, 현실과는 먼 인식에 도달하게 되기 때문이다. 오늘날 한반도의 모습은 역사적 맥락 속에 형성된 특수한 형태다. 그 역사성을 파헤쳐야 갈등과 대립에서 화해로 나아갈 수 있을 것이다.

1972년, 미국은 한국전쟁에서 적국으로 싸웠던 중국과 관계를 정상화했다. 여전히 중국은 건국 후 공산당 일당이 지배했는데도 미국은 베트남전 종전에 도움을 얻고 소련을 견제하기 위해 이

넘에 개의치 않고 중국과 새로운 관계를 맺은 것이다. 사실상 이때 이념 대결로서의 냉전은 끝난 것이다. 소련과의 냉전이 끝난 후에도 미국은 경제적 이익을 위해 중국과 계속 우호적 관계를 맺어왔다. 미국의 안보·경제 이익이 이념보다 앞선 것이다. 이것이 국제 관계의 현실이다.

비슷한 사례는 또 있다. 미국은 1964년 8월 북베트남과의 전쟁을 전면전으로 확대했다. 미군 전사자는 5만 8,000명이었고, 부상자도 30만 명에 이르렀다. 1975년 4월 베트남이 공산화된 이후 양국 관계는 단절되었다. 그런데 1995년 7월 종전 후 20년 만에 양국 관계가 정상화된다. 베트남은 여전히 공산당 일당이 지배하고 있었지만, 이념보다 전략적 이익이 중요했기 때문이다. 베트남과 중국은 한때는 동맹이었지만 당시에는 전쟁까지 치른 적대적 관계에 놓여 있었다. 따라서 냉전이 끝난 후 미국은 동아시아에서 자국의 영향력을 키워 빠르게 성장하는 중국을 견제하는 데 베트남이 필요했다.

이렇듯 미국의 외교 전략에서 이념과 체제는 우선순위가 아니었다. 이를 북한에 적용해 보자. 미국은 중국이나 베트남과 우호적 관계를 맺을 무렵 북한과도 적대적 관계를 해소할 수도 있었다. 그런데 그렇게 하지 않았다. 미국이 그렇게 하지 않은 이유가 무엇일까. 미국이 그로 인해 얻을 전략적 이익이 없거나 크지 않았던 것 아니겠는가. 실제로 키신저는 북한과의 관계 개선으로 미국이 얻을 지정학적 이익이 없다고 일축했다.

미국이 한반도를 바라보는 시각

먼저 미국 입장에서 한국은 미국이 러시아와 중국 등 주요 경쟁자를 견제하기 위해 반드시 확보해야 할 전략적 거점이다. 카터 정부의 국가안보보좌관 브레진스키는 저서 『거대한 체스판』에서 우크라이나, 아제르바이잔, 터키, 이란과 함께 한국을 매우 중요한 지정학적 중심pivot이라고 강조했다.[1] 그만큼 동아시아에서 한국의 지정학적 위상을 높게 평가한 것이다.

한국은 일본과 함께 동아시아에서 미국의 전략적 동맹이다. 주한 미군은 주일 미군과 연계하여 북한의 위협을 억지하는 한편 중국과 러시아를 견제한다. 동시에 일본의 재무장을 일정 정도 억지할 수도 있다. 그래서 주한 미군의 철수를 초래할 모든 사태에 대해 미국의 외교·안보 엘리트들은 민감하게 반응한다. 한국에 대한 군사적 영향력을 상실하면 미국은 동아시아 지배력을 상실할 수도 있기 때문이다. 미국으로서는 어떻게 하든 이런 사태를 막아야 한다.

한반도가 한국 주도로 통일돼 북한까지 미국의 영향권 아래 두는 것이 미국에는 최선이다. 하지만 그 과정에서 통제할 수 없는 군사적 충돌이 발생할 수 있고 그 결과도 불확실하다.

만약 한국 주도로 통일이 되더라도 통일한국이 미국의 영향권에서 벗어나겠다고 하면 도리어 한반도에 대한 영향력이 축소될 위험 역시 무시할 수 없다. 미국으로서는 큰 위험 없이 한반도 전체를 자신의 영향권 아래 묶어 둘 길이 없는 한 현상 유지를 선호하는 것이 당연하다. 브레진스키도 미국은 분단된 한반도를 선호

한다고 말했다.[2] 이러한 미국의 전략적 판단이 있었기에 그간 미국은 북한과 관계를 개선할 수 없었던 것이다.

그런데 2017년 신냉전이 시작되고, 중국이 미국의 최대 경쟁국으로 등장하면서 미국 내에서 동아시아의 전략적 구도를 새롭게 검토하기 시작했다. 2018년 트럼프 대통령이 북한과 정상회담을 하고 직접 관여하자 미국의 외교 안보 엘리트들이나 언론, 의회 등은 이를 적극적으로 찬성하지 않았다.

하지만 이후에 북한과 중국의 관계를 깊게 연구한 미국 내 전문가들의 견해가 확산되면서 미국은 북한의 전략적 가치를 새롭게 인식한다. 북한과 중국 사이가 결코 우호적이지 않고 오히려 갈등적이라는 점을 포착한 미국의 전략가들은 이제 중국 견제에 북한을 활용할 수도 있다고 판단한 것이다. 미국의 이러한 인식 변화는 새로운 행보를 가능하게 할 것이다. 트럼프의 북한에 대한 태도는 이런 큰 흐름 속에서 파악해야지, 그저 개인적인 수준에서 바라봐서는 안 된다.

한반도가 가야 할 길

미국의 전략적 변화를 우리가 무력화시키기는 현실적으로 어렵다. 그렇다면 미국의 변화를 전제로 우리의 이익을 극대화할 방법을 모색해야 할 것이다.

무엇보다 한반도의 평화 체제 구축이 필요하다. 북미 관계 개선은 남북 관계 개선으로 이어질 수 있다. 이는 미국의 이익에도 부합한다. 남북한이 동시에 강고한 평화 의지를 갖고 적대 관계를 청산하는 건 한반도의 안보는 물론 경제 발전에도 크게 기여할 것이다.

한반도는 그동안 지정학의 덫에 걸려 적대의 늪에서 헤어나질 못했다. 이제는 그 덫에서 벗어나야 한다. 지정학적 힘의 흐름이 그것을 가능하게 하고 있다. 강대국들의 전략적 의도가 어떻게 교차하는지를 냉철히 파악하고, 다시는 전쟁을 하지 않겠다는 의지가 한반도에 확고하게 뿌리 내려야 한다. 그래야 비로소 비극적인 역사를 극복하고, 새로운 역사를 만들어갈 수 있을 것이다.

1962년 9월, 드골은 프랑스 대통령으로서는 최초로 서독을 방문한다. 숙적 독일과 화해를 하려고 노력하던 그는 나치의 박해를 받았던 독일 극작가 카를 추크마이어Carl Zuckmayer의 말을 빌려 서독 군인들 앞에서 이렇게 말한다.[3]

"과거에 우리는 의무적으로 적이 되어야 했다. 하지만 이제 우리는 형제가 될 권리가 있다."

독일과 프랑스는 화해하고 비약적으로 발전했다. 그 길은 한반도에도 열려 있다.

2025년 2월

김동기

미주
사진 출처

미주

프롤로그

1 Mike Pompeo, 『*Never Give an Inch: Fighting for the America I Love*』, Broadside Books, 2023.
2 김진명, "주거니 받거니 '대화' 장단 맞추는 트럼프·김정은", 《MK조선》, 2024.08.27.
3 John J. Mearsheimer and Sebastian Rosato, 『*How States Think: The Rationality of Foreign Policy*』, Yale University Press, 2023.

1장 미국과 중국, 세계 패권 경쟁의 라이벌이 되다

1 James Mann, 『*About Face: A History of America's Curious Relationship with China, from Nixon to Clinton*』, Vintage, 2000.
2 James Mann, 『*About Face: A History of America's Curious Relationship with China, from Nixon to Clinton*』, Vintage, 2000.
3 James Mann, 『*About Face: A History of America's Curious Relationship with China, from Nixon to Clinton*』, Vintage, 2000.
4 James Mann, 『*About Face: A History of America's Curious Relationship with China, from Nixon to Clinton*』, Vintage, 2000.
5 James Mann, 『*About Face: A History of America's Curious Relationship with China, from Nixon to Clinton*』, Vintage, 2000.
6 James Mann, 『*About Face: A History of America's Curious Relationship with China, from Nixon to Clinton*』, Vintage, 2000.
7 James Mann, 『*About Face: A History of America's Curious Relationship with China, from Nixon to Clinton*』, Vintage, 2000.
8 James Mann, 『*The China Fantasy, How Our Leaders Explain Away Chinese Repression*』, Viking Adult, 2007.
9 Alfred W. McCoy, 『*In the Shadows of the American Century: The Rise and Decline of US Global Power*』, Haymarket Books, 2017.

252

10 Alfred W. McCoy, 『*In the Shadows of the American Century: The Rise and Decline of US Global Power*』, Haymarket Books, 2017.

11 Mark Landler and David E. Sanger, "Trump Delivers a Mixed Message on His National Security Approach", 《*The New York Times*》, 2017.12.18.

12 김동기, 『지정학의 힘』, 아카넷, 2020.

13 "10 Times Trump Attacked China and Its Trade Relations with the US", 《*ABC News*》, 2017.11.09.

14 John J. Mearsheimer, "The Inevitable Rivalry: America, China, and the Tragedy of Great-Power Politics", 《*Foreign Affairs*》 November/December 2021.

2장 북한과 중국, 혈맹과 숙적을 오가다

1 이철순, 「소련의 북한 정치세력에 대한 정책: 1945-1948」, 《21세기정치학회보》 제20집 1호, 21세기정치학회, 2010.05.

2 진영기, 「제2차 국공내전기 미국 해병대 중국 파병과 북한-중공 군사 동맹의 형성에 대한 연구」, 《사총》 제92호, 고려대학교 역사연구소, 2017.09.

3 진영기, 「제2차 국공내전기 미국 해병대 중국 파병과 북한-중공 군사 동맹의 형성에 대한 연구」, 《사총》 제92호, 고려대학교 역사연구소, 2017.09.

4 김동기, 『지정학의 힘』, 아카넷, 2020.

5 Thomas Fingar(ed.), 『*Uneasy Partnerships: China's Engagement with Japan, the Koreas, and Russia in the Era of Reform*』, Stanford University Press, 2017.

6 이종석, 『북한 주둔 중국인민지원군 철수에 관한 연구』, 세종연구소, 2014.

7 이종석, 『북한 주둔 중국인민지원군 철수에 관한 연구』, 세종연구소, 2014.

8 Timothy Hildebrandt(ed.), 「Uneasy Allies: Fifty Years of China-North Korea Relations」, 《*Asia Program Special Reports*》 No. 115, Woodrow Wilson International Center for Scholars, 2003.

9 Daniel Wertz, 「*Issue Brief: China-North Korea Relations*」, The National Committee on North Korea(NCNK), November 2019.

10 이종석, 『북한 주둔 중국인민지원군 철수에 관한 연구』, 세종연구소, 2014.

11 이종석, 『북한 주둔 중국인민지원군 철수에 관한 연구』, 세종연구소, 2014.

12 이종석, 『북한 주둔 중국인민지원군 철수에 관한 연구』, 세종연구소, 2014.

13 이상만·이상숙·문대근, 『북중관계: 1945-2020』, 경남대학교 극동문제연구소, 2021.

14 이상만·이상숙·문대근, 『북중관계: 1945-2020』, 경남대학교 극동문제연구소, 2021.

15 Daniel Wertz, 「Issue Brief: China-North Korea Relations」, The National Committee on North Korea(NCNK), November 2019.

16 Daniel Wertz, 「Issue Brief: China-North Korea Relations」, The National Committee on North Korea(NCNK), November 2019.

17 Yafeng Xia and Zhihua Shen, 「China's Last Ally: Beijing's Policy toward North Korea during the U.S.-China Rapprochement, 1970-1975」, 《Diplomatic History》 Volume 38, Issue 5, November 2014.

18 Yafeng Xia and Zhihua Shen, 「China's Last Ally: Beijing's Policy toward North Korea during the U.S.-China Rapprochement, 1970-1975」, 《Diplomatic History》 Volume 38, Issue 5, November 2014.

19 Yafeng Xia and Zhihua Shen, 「China's Last Ally: Beijing's Policy toward North Korea during the U.S.-China Rapprochement, 1970-1975」, 《Diplomatic History》 Volume 38, Issue 5, November 2014.

20 Yafeng Xia and Zhihua Shen, 「China's Last Ally: Beijing's Policy toward North Korea during the U.S.-China Rapprochement, 1970-1975」, 《Diplomatic History》 Volume 38, Issue 5, November 2014.

21 Yafeng Xia and Zhihua Shen, 「China's Last Ally: Beijing's Policy toward North Korea during the U.S.-China Rapprochement, 1970-1975」, 《Diplomatic History》 Volume 38, Issue 5, November 2014.

22 Timothy Hildebrandt(ed.), 「Uneasy Allies: Fifty Years of China-North Korea Relations」, 《Asia Program Special Reports》 No. 115, Woodrow Wilson International Center for Scholars, 2003.

23 Thomas Fingar(ed.), 『Uneasy Partnerships: China's Engagement with Japan, the Koreas, and Russia in the Era of Reform』, Stanford University Press, 2017.

24 Franz-Stefan Gady, "War of the Dragons: Why North Korea Does Not Trust China", 《The Diplomat》, 2017.09.29.

25 Thomas Fingar(ed.), 『*Uneasy Partnerships: China's Engagement with Japan, the Koreas, and Russia in the Era of Reform*』, Stanford University Press, 2017.

26 Thomas Fingar(ed.), 『*Uneasy Partnerships: China's Engagement with Japan, the Koreas, and Russia in the Era of Reform*』, Stanford University Press, 2017.

27 장용석, 「북·중관계의 성격과 중국의 부상에 대한 북한의 인식」, 《통일과 평화》 Volume 4, No. 1, 서울대학교 통일평화연구원, 2012.

28 장용석, 「북·중관계의 성격과 중국의 부상에 대한 북한의 인식」, 《통일과 평화》 Volume 4, No. 1, 서울대학교 통일평화연구원, 2012.

29 Thomas Fingar(ed.), 『*Uneasy Partnerships: China's Engagement with Japan, the Koreas, and Russia in the Era of Reform*』, Stanford University Press, 2017.

30 이상만·이상숙·문대근, 『북중관계: 1945-2020』, 경남대학교 극동문제연구소, 2021.

31 이상만·이상숙·문대근, 『북중관계: 1945-2020』, 경남대학교 극동문제연구소, 2021.

32 이상만·이상숙·문대근, 『북중관계: 1945-2020』, 경남대학교 극동문제연구소, 2021.

33 이상만·이상숙·문대근, 『북중관계: 1945-2020』, 경남대학교 극동문제연구소, 2021.

34 이상만·이상숙·문대근, 『북중관계: 1945-2020』, 경남대학교 극동문제연구소, 2021.

35 Madeleine Albright, 『*Madam Secretary: A Memoir*』, Harper Perennial, 2013.

36 Doug Struck, "For North Korea, U.S. Is Violator of Accords", 《*Washington Post*》, 2002.10.21.

37 이상만·이상숙·문대근, 『북중관계: 1945-2020』, 경남대학교 극동문제연구소, 2021.

38 김동기, 『달러의 힘』, 해냄, 2023.

39 이상만·이상숙·문대근, 『북중관계: 1945-2020』, 경남대학교 극동문제연구소, 2021.

40 이상만·이상숙·문대근,『북중관계: 1945-2020』, 경남대학교 극동문제연구소, 2021.

41 장용석,「북·중관계의 성격과 중국의 부상에 대한 북한의 인식」,《통일과 평화》Volume 4, No. 1, 서울대학교 통일평화연구원, 2012.

42 장용석,「북·중관계의 성격과 중국의 부상에 대한 북한의 인식」,《통일과 평화》Volume 4, No. 1, 서울대학교 통일평화연구원, 2012.

43 고대훈·강병철, "김정일 '우리 먹으려 했던 중·일·러 견제 위해 주한미군 주둔해야'-김대중 육성 회고록⟨1⟩",《중앙일보》, 2023.05.16.

44 이상만·이상숙·문대근,『북중관계: 1945-2020』, 경남대학교 극동문제연구소, 2021.

45 장용석,「북·중관계의 성격과 중국의 부상에 대한 북한의 인식」,《통일과 평화》Volume 4, No. 1, 서울대학교 통일평화연구원, 2012.

46 이상만·이상숙·문대근,『북중관계: 1945-2020』, 경남대학교 극동문제연구소, 2021.

47 Daniel Wertz,「*Issue Brief: China-North Korea Relations*」, The National Committee on North Korea(NCNK), November 2019.

48 이상만·이상숙·문대근,『북중관계: 1945-2020』, 경남대학교 극동문제연구소, 2021.

49 Daniel Wertz,「*Issue Brief: China-North Korea Relations*」, The National Committee on North Korea(NCNK), November 2019.

50 이상만·이상숙·문대근,『북중관계: 1945-2020』, 경남대학교 극동문제연구소, 2021.

51 Daniel Wertz,「*Issue Brief: China-North Korea Relations*」, The National Committee on North Korea(NCNK), November 2019.

52 이상만·이상숙·문대근,『북중관계: 1945-2020』, 경남대학교 극동문제연구소, 2021.

53 Daniel Wertz,「*Issue Brief: China-North Korea Relations*」, The National Committee on North Korea(NCNK), November 2019.

54 Daniel Wertz,「*Issue Brief: China-North Korea Relations*」, The National Committee on North Korea(NCNK), November 2019.

55 정영교·박현주, "[단독] 김정은 '中 눈치 보지 말라'…푸틴 만난 뒤 외교관에 1호 지시",《중앙일보》, 2024.07.31.

56 정영교·박현주, "[단독] 김정은 '中 눈치 보지 말라'…푸틴 만난 뒤 외교관에 1호 지시", 《중앙일보》, 2024.07.31.

57 정영교, "[단독]김정은 '中은 숙적'…한국도 간 中건군행사에 北 없었다", 《중앙일보》, 2024.09.20.

58 정영교, "[단독] 中, 김정은 '1호품' 밀수 적발…'돌려달라' 北 요구 거절했다", 《중앙일보》, 2024.09.13.

59 정영교, "[단독] 中, 김정은 '1호품' 밀수 적발…'돌려달라' 北 요구 거절했다", 《중앙일보》, 2024.09.13.

60 정영교, "[단독]김정은 '中은 숙적'…한국도 간 中건군행사에 北 없었다", 《중앙일보》, 2024.09.20.

61 Thomas Fingar(ed.), 『Uneasy Partnerships: China's Engagement with Japan, the Koreas, and Russia in the Era of Reform』, Stanford University Press, 2017.

62 Monet Stokes, "North Korea Doesn't Trust China to Protect It", 《Foreign Policy》, 2020.08.25.

63 Andrei Lankov, 「Why Nothing Can Really Be Done about North Korea's Nuclear Program」, 《Asia Policy》, No. 23, National Bureau of Asian Research, January 2017.

3장 북한과 미국, 서로의 쓸모를 발견하다

1 Yafeng Xia and Zhihua Shen, 「China's Last Ally: Beijing's Policy toward North Korea during the U.S.-China Rapprochement, 1970–1975」, 《Diplomatic History》 Volume 38, Issue 5, November 2014.

2 James Person, "Chinese-North Korean Relations: Drawing the Right Historical Lessons", 《38 North》, 2017.09.26.

3 Frank Aum and Daniel Jasper, "The Case for Maximizing Engagement with North Korea", 《38 North》, 2021.04.16.

4 James M. Minnich, "Denuclearization through Peace: A Policy Approach to Change North Korea from Foe to Friend", 《Military Review》, Volume 100, No. 6, Army University Press, November/December 2020.

5 Stephen Blank, "Is the Northern Alliance Making a Comeback? Do Russia, China and North Korea Constitute an Alliance?" 《*Korean Journal of Defense Analysis*》, Volume 31, No. 2, Korea Institute for Defense Analyses, June 2019.

6 William R. McKinney, "Korea at a Crossroads: Time for a US-ROK-DPRK Strategic Realignment", 《*38 North*》, 2018.09.17.

7 Anastasia Barannikova, 「*United States-DPRK Relations: Is Normalization Possible?*」, Center for Strategic and International Studies, 2019.

8 Anastasia Barannikova, 「*United States-DPRK Relations: Is Normalization Possible?*」, Center for Strategic and International Studies, 2019.

9 Brahma Chellaney, "Trump's North Korea diplomacy aims to contain China", 《*Nikkei Asia*》, 2018.06.20.

10 Walter Russell Mead, "Detente May Be an Option With North Korea: Sanctions won't break Pyongyang, But It Does Want Some Distance from China", 《*Wall Street Journal*》, 2021.04.05.

11 Walter Russell Mead, "The Return of Geopolitics: The Revenge of the Revisionist Powers", 《*Foreign Affairs*》 Volume 93, No. 3, May/June 2014.

12 Vincent Brooks and Ho Young Leem, "A Grand Bargain With North Korea: Pyongyang's Economic Distress Offers a Chance for Peace", 《*Foreign Affairs*》, 2021.07.29.

13 Susan A. Thornton, Li Nan, and Juliet Lee, Debating North Korea: U.S. and Chinese Perspectives, 《*38 North*》, 2021.08.25.

14 Robert Carlin and John W. Lewis, "What North Korea Really Wants", 《*Washington Post*》, 2007.01.27.

4장 한국, 미·중·북 사이에서 활로를 모색하다

1 Andrei Lankov, 「Why Nothing Can Really Be Done about North Korea's Nuclear Program」, 《*Asia Policy*》, No. 23, National Bureau of Asian

Research, January 2017.

2 Alexander Ward, "Trump considers overhauling his approach to North Korea if he wins in 2024", 《*Politico*》, 2023.12.13.

3 Oriana Skylar Mastro, "China's Dangerous Double Game in North Korea", 《*Foreign Affairs*》, 2021.04.02.

4 브루스 W. 베넷 외 7인, 『한국에 대한 핵보장 강화 방안』, RAND국가안보연구부, 2023.08.

5 브루스 W. 베넷 외 7인, 『한국에 대한 핵보장 강화 방안』, RAND국가안보연구부, 2023.08.

6 브루스 W. 베넷 외 7인, 『한국에 대한 핵보장 강화 방안』, RAND국가안보연구부, 2023.08.

7 브루스 W. 베넷 외 7인, 『한국에 대한 핵보장 강화 방안』, RAND국가안보연구부, 2023.08.

8 "'맘만 먹으면 금방'이라는 자체 핵무장…얼마나 걸릴까?", 《동아일보》, 2024.02.08.

9 Eric Brewer and Toby Dalton, "South Korea's Nuclear Flirtations Highlight the Growing Risks of Allied Proliferation", Carnegie Endowment for International Peace, 2023.02.13.

10 Elbridge A. Colby, 『*The Strategy of Denial: American Defense in an Age of Great Power Conflict*』, Yale University Press, 2021.

11 "What if South Korea Got a Nuclear Bomb?", 《*The Economist*》, 2024.08.15.

12 김동기, 『달러의 힘』, 해냄, 2023.

13 Kate Brannen, "Mullen Focuses on Debt as Threat", 《*Politico*》, 2012.12.06.

14 Peter Krisztian Zachar, 「"From 'Grandeur' to "Securite" and "a Special Relationship": The Shift in the French-German Relationship in a Historical Perspective」, 《*Prague Papers on the History of International Relations*》 2, Charles University in Prague, 2018.

15 김동기, 『달러의 힘』, 해냄, 2023.

16 이용재, 「엘리제조약을 위하여: 유럽 통합과 독일-프랑스 화해의 샛길」, 《프랑스사 연구》 제19호, 한국프랑스사학회, 2008.

17 김동기, 『달러의 힘』, 해냄, 2023.

18 Benn Steil, 『The Marshall Plan: Dawn of the Cold War』, Simon and Schuster, 2018.

19 NATO 홈페이지(https://www.nato.int/cps/en/natohq/declassified_137930.htm).

20 Carine Germond and Henning Türk(eds.), 『A History of Franco-German Relations in Europe: From "Hereditary Enemies" to Partners』, Palgrave Macmillan, 2008.

21 Benn Steil, 『The Marshall Plan: Dawn of the Cold War』, Simon and Schuster, 2018.

22 이용재, 「엘리제조약을 위하여: 유럽 통합과 독일-프랑스 화해의 샛길」, 《프랑스사 연구》 제19호, 한국프랑스사학회, 2008.

23 이용재, 「엘리제조약을 위하여: 유럽 통합과 독일-프랑스 화해의 샛길」, 《프랑스사 연구》 제19호, 한국프랑스사학회, 2008.

24 이용재, 「엘리제조약을 위하여: 유럽 통합과 독일-프랑스 화해의 샛길」, 《프랑스사 연구》 제19호, 한국프랑스사학회, 2008.

25 이용재, 「엘리제조약을 위하여: 유럽 통합과 독일-프랑스 화해의 샛길」, 《프랑스사 연구》 제19호, 한국프랑스사학회, 2008.

26 Dmitri Alperovitch and Sergey Radchenko, "Trump-Kim, Part II, Could Shake Up the World", 《The New York Times》, 2024.12.29.

에필로그

1 Zbigniew Brzezinski, 『The Grand Chessboard』, Basic Books, 1997.

2 김동기, 『지정학의 힘』, 아카넷, 2020.

3 Tina Gerhäusser, "Franco-German Friendship", 《Deutsche Welle》, 2012.10.12.

사진 출처

사진 1 Shaleah Craighead, Public Domain, via Wikimedia Commons(https://ko.m.wikipedia.org/wiki/%ED%8C%8C%EC%9D%BC:Mike_Pompeo_and_Kim_Jong_Un_%282%29.jpg#file), 원 출처: 백악관 페이스북(https://www.facebook.com/WhiteHouse/photos/a.1199645353456529/1659639794123747/?type=3&theater).

사진 2 By The White House from Washington, DC, Public Domain, Wikimedia Commons(https://commons.wikimedia.org/w/index.php?curid=80071056), 원 출처: Flickr(https://flickr.com/photos/148748355@N05/48164813552).

사진 3 Richard Nixon Presidential Library and Museum, Public domain, via Wikimedia Commons(https://ko.wikipedia.org/wiki/%EC%A6%88%EB%B9%84%EA%B7%B8%EB%89%B4_%EB%B8%8C%EB%A0%88%EC%A7%84%EC%8A%A4%ED%82%A4#/media/%ED%8C%8C%EC%9D%BC:Zbigniew_Brzezinski_hosts_a_dinner_for_Chinese_Vice_Premier_Deng_Xiaoping._-_NARA_-_183125.tiff), 원 출처: 미국 국립문서보관소(https://www.archives.gov).

사진 4 저작권자(c) 연합뉴스, 무단 전재 및 재배포 금지.

사진 5 저작권자(c) 연합뉴스, 무단 전재 및 재배포 금지.

사진 6 Melancholia i, Public domain, via Wikimedia Commons(https://commons.wikimedia.org/w/index.php?curid=718086).

사진 7 Sharon Farmer, Public domain, via Wikimedia Commons(https://commons.wikimedia.org/wiki/Category:Bill_Clinton_and_Jiang_Zemin?uselang=ko#/media/File:President_Bill_Clinton_and_President_Jiang_Zemin_review_the_troops_during_the_Arrival_Ceremony.jpg), 원 출처: 백악관 아카이브(https://clintonwhitehouse5.archives.gov/WH/New/China/photo27.html).

사진 8 By White House photo by Eric Draper, Public Domain, via Wikimedia Commons(https://commons.wikimedia.org/w/index.

php?curid=725653), 원 출처: 백악관(whitehouse.gov).

사진 9 백악관 페이스북(https://www.facebook.com/WhiteHouse/posts/
  462685699378889).

사진 10 국가기록포털(https://theme.archives.go.kr/next/625/archiveDetail.do?flag
  =3&evntId=0049259460&page=49).

사진 11 See page for author, Public domain, via Wikimedia Commons(https://
  commons.wikimedia.org/wiki/File:Signing_Sino-North_Korean_Mutual_
  Aid_and_Cooperation_Friendship_Treaty,_July_1961.jpg), 원 출처: 차이나
  닷컴(http://news.china.com/history/11066805/20130711/17939563.html).

사진 12 KTV 국민방송.

사진 13 저작권자(c) 연합뉴스, 무단 전재 및 재배포 금지.

사진 14 저작권자(c) 연합뉴스, 무단 전재 및 재배포 금지.

사진 15 저작권자(c) 연합뉴스, 무단 전재 및 재배포 금지.

사진 16 저작권자(c) 연합뉴스, 무단 전재 및 재배포 금지.

사진 17 저작권자(c) 연합뉴스, 무단 전재 및 재배포 금지.

트럼프는 김정은에게 무엇을 원하는가

초판 1쇄 2025년 2월 17일

지은이 | 김동기
펴낸이 | 송영석

주간 | 이혜진
편집장 | 박신애 **기획편집** | 최예은 · 조아혜
디자인 | 박윤정 · 유보람
마케팅 | 김유종 · 한승민
관리 | 송우석 · 전지연 · 채경민

펴낸곳 | (株)해냄출판사
등록번호 | 제10-229호
등록일자 | 1988년 5월 11일(설립일자 | 1983년 6월 24일)

04042 서울시 마포구 잔다리로 30 해냄빌딩 5 · 6층
대표전화 | 326-1600 **팩스** | 326-1624
홈페이지 | www.hainaim.com

ISBN 979-11-6714-107-1